Ralf Reichwald | Anton Meyer |
Marc Engelmann | Dominik Walcher

Der Kunde als Innovationspartner

Ralf Reichwald | Anton Meyer |
Marc Engelmann | Dominik Walcher

Der Kunde als Innovationspartner

Konsumenten integrieren,
Flop-Raten reduzieren,
Angebote verbessern

Bibliografische Information Der Deutschen Nationalbibliothek
Die Deutsche Nationalbibliothek verzeichnet diese Publikation in der
Deutschen Nationalbibliografie; detaillierte bibliografische Daten sind im Internet über
<http://dnb.d-nb.de> abrufbar.

1. Auflage April 2007

Alle Rechte vorbehalten
© Betriebswirtschaftlicher Verlag Dr. Th. Gabler | GWV Fachverlage GmbH, Wiesbaden 2007
Lektorat: Manuela Eckstein

Der Gabler Verlag ist ein Unternehmen von Springer Science+Business Media.
www.gabler.de

Das Werk einschließlich aller seiner Teile ist urheberrechtlich geschützt. Jede Verwertung außerhalb der engen Grenzen des Urheberrechtsgesetzes ist ohne Zustimmung des Verlags unzulässig und strafbar. Das gilt insbesondere für Vervielfältigungen, Übersetzungen, Mikroverfilmungen und die Einspeicherung und Verarbeitung in elektronischen Systemen.

Die Wiedergabe von Gebrauchsnamen, Handelsnamen, Warenbezeichnungen usw. in diesem Werk berechtigt auch ohne besondere Kennzeichnung nicht zu der Annahme, dass solche Namen im Sinne der Warenzeichen- und Markenschutz-Gesetzgebung als frei zu betrachten wären und daher von jedermann benutzt werden dürften.

Umschlaggestaltung: Nina Faber de.sign, Wiesbaden
Satz: ITS Text und Satz Anne Fuchs, Bamberg
Druck und buchbinderische Verarbeitung: Wilhelm & Adam, Heusenstamm
Gedruckt auf säurefreiem und chlorfrei gebleichtem Papier
Printed in Germany

ISBN 978-3-8349-0070-8

Vorwort

Das Gelingen von Innovationsprojekten ist für den Erfolg eines Unternehmens essenziell, denn die Entwicklung von neuen Produkten und Dienstleistungen ist vielfach mit hohen Investitionen verbunden. Bereits eine kleine Serie von Misserfolgen kann den Fortbestand eines Unternehmens ernsthaft gefährden. Aus diesem Grund wird seit jeher die Frage nach der bestmöglichen Gestaltung des Innovationsprozesses gestellt.

Die Entwicklung von neuen Produkten und Dienstleistungen wird meist als interner Prozess rund um den Bereich Forschung und Entwicklung verstanden. Seit einigen Jahren lässt sich jedoch die Öffnung für externe Quellen durch Interaktion mit Marktpartnern beobachten. Universitäten, Zulieferer und sogar Mitbewerber werden als mögliche Quelle von Innovationen erkannt.

Zahlreiche empirische Studien belegen, dass eine frühzeitige Integration von Kunden in den betrieblichen Entwicklungsprozess den Erfolg von Innovationen deutlich steigern kann. In vielen Wirtschaftsbereichen sind es gerade die Kunden, die für die erfolgreichsten Neuentwicklungen verantwortlich sind.

Trotz dieser Erkenntnis wird von den meisten Unternehmen das Wissen der Kunden als viel versprechende Ressource für erfolgreiche Innovationen noch unzureichend genutzt. Dies erscheint unverständlich, verlangen doch die durch Globalisierung und gesellschaftliche Änderungen verursachten Verschiebungen des ökonomischen Umfelds nach neuen Wettbewerbsstrategien.

Die systematische Integration von Kunden in den Innovationsprozess als Weiterführung einer kundenorientierten Unternehmensstrategie stellt eine zeitgemäße Reaktion auf diese veränderten Anforderungen dar und kann einen entscheidenden Beitrag dazu leisten, auch in Zukunft wettbewerbsfähig zu sein. Die grundlegende Voraussetzung für eine erfolgreiche Kundenintegration ist dabei die Bereitschaft, sich vom traditionell geschlossenen Innovationsprozess abzuwenden und sich für die Interaktion mit dem Marktpartner Kunde zu öffnen.

Ziel dieses Buches ist es, die Möglichkeiten einer aktiven Kundenintegration aufzuzeigen. Den Ausgangspunkt für die diesem Buch zugrunde liegenden Untersuchungen bildete das über das Deutsche Zentrum für Luft- und Raumfahrt (DLR) betreute und vom Bundesministerium für Bildung und Forschung (BMBF) geförderte Projekt „WINserv – Wissensintensive Dienstleistungen zur Integration von Kunden in Innovationsprozesse". Das Projekt wurde gemeinschaftlich vom Lehrstuhl für Betriebswirtschaftslehre – Information, Organisation und Management (IOM) der Technischen Universität München (TUM) als Gesamtkoordinator mit dem Lehrstuhl für Marketing der Ludwig-Maximilians-Universität München (LMU) im Zeitraum von 2001 bis 2005 durchgeführt. Die Aufgabe des Forschungsvorhabens bestand darin, geeignete internetbasierte Konzepte zur Integration von Kunden in den Innovationsprozess zu entwickeln, zu erproben und zu evaluieren. Als Praxispartner konnten hierfür auf Seiten der TUM die adidas-Salomon AG, auf Seiten der LMU die SevenOne Media GmbH gewonnen werden. Die technische Umsetzung erfolgte durch die SiteOS AG.

Das Buch ist in drei Abschnitte gegliedert: Im ersten Teil *Was Sie über Kundenintegration wissen sollten* werden die theoretischen und konzeptionellen Hintergründe vorgestellt. Daran schließt sich im zweiten Teil eine ausführliche Beschreibung der bei den Praxispartnern durchgeführten Kundenintegrationsprojekte an, zum einen das *mi adidas-und-ich-Projekt*, zum anderen das für SevenOne Media entwickelte *Future-Zone-Projekt*. Beide Praxisbeispiele sind nach dem Schema *Ausgangssituation – Umsetzung – Bewertung – Empfehlung* gegliedert, um Ihnen einen direkten Vergleich der verschiedenen Konzeptionen zu erleichtern. Von besonderer Bedeutung ist jeweils das Abschlusskapitel *Empfehlung*, in dem wir Ihnen konkrete Vorschläge zur Umsetzung einer aktiven Kundenintegration geben. Im dritten Teil *Was Sie bei der Integration von Kunden beachten sollten* werden die Lead-User-Methode sowie Communities als weitere Kundenintegrationsmethoden im Detail behandelt. Darüber hinaus wird aufgezeigt, welche konkreten Wettbewerbsvorteile durch aktive Kundenintegration erlangt werden können. Den Abschluss bilden zehn eingängige Regeln, die Sie bei der erfolgreichen Integration von Kunden in den Innovationsprozess beachten sollten.

An dieser Stelle soll allen WINserv-Projektbeteiligten für die überaus erfolgreiche Zusammenarbeit gedankt werden. Unser besonderer Dank gilt dabei Frau Ursula Zahn-Elliott vom Bundesministerium für Bildung und Forschung sowie Herrn Eckart Hüttemann vom Projektträger DLR für die stets konstruktive Begleitung des Projekts und für die Vielzahl an konstruktiven Anregungen, auf Basis derer das Vorhaben kontinuierlich vorangetrieben werden konnte. Darüber hinaus soll Herrn Christoph Berger, Vizepräsident der adidas-Salomon AG, und Herrn Peter Christmann, Vorstand Sales & Marketing der ProSiebenSat.1 Media AG sowie Geschäftsführer der SevenOne Media GmbH, gedankt werden, ohne deren großen Einsatz die im Projekt angestrebten Ziele nicht hätten erreicht werden können. Ganz herzlich sei auch Lotta Nordin, Henning Haberstroh und Tim Rogoll von der adidas-Salomon AG sowie Barbara Wandrei und Markus Schödl von der SevenOne Media gedankt, die das Projektteam bei der Umsetzung der Kundenintegrationskonzepte mit außerordentlicher Hilfsbereitschaft unterstützten. Die Entwicklung der internetbasierten Integrationsplattformen wäre darüber hinaus ohne Jorun Cramer, Thomas Reischl, Steffen Pöllot und Hans-Günter Stein von der SiteOs AG niemals zustande gekommen. Schließlich sei den Mitarbeitern der beiden Lehrstühle sowohl für die Leistungen im Projekt wie auch für das Anfertigen dieses Buches gedankt. Auf Seiten des Lehrstuhls für Marketing waren Werner Kunz und Marc Mangold, Tobias Flenker und Benjamin Brudler die treibenden Kräfte, auf Seiten des Lehrstuhls IOM sind Melanie Müller, Frank Piller, Sascha Seifert und Christoph Ihl zu nennen.

München, im Februar 2007

Ralf Reichwald
Anton Meyer
Marc Engelmann
Dominik Walcher

Inhalt

Vorwort   5

Teil 1:
Was Sie über Kundenintegration wissen sollten

1. Warum Innovationen scheitern   15
2. Kundenintegration ist Innovationsmanagement   20
3. Kundenintegration ist Wissensmanagement   24
4. Kundenintegration ist Öffnen   26
5. Kundenintegration ist Methodenkompetenz   31
6. Management Summary   35
7. Literaturempfehlungen   35

Teil 2:
Umsetzungsbeispiele von Kundenintegrationsprojekten

1. Kundenintegration bei adidas: das mi adidas-und-ich-Projekt   39
    1.1 Ausgangssituation   39
       1.1.1 Projektpartner adidas   39
       1.1.2 Mass-Customization-Projekt mi adidas   42
    1.2 Umsetzung   45
    1.3 Bewertung   51
       1.3.1 Teilnahmeverhalten   51
       1.3.2 Leistungsverhalten   57
       1.3.3 Motive und Eigenschaften   64
       1.3.4 Ergebnis   74
    1.4 Empfehlung   81
       1.4.1 Betriebliches Vorschlagswesen   82
       1.4.2 Beschwerdemanagement   85
       1.4.3 Externes Vorschlagswesen   91
       1.4.4 Zusammenfassung   100
    1.5 Management Summary   102
    1.6 Literaturempfehlungen   103

2. Kundenintegration bei SevenOne Media: das Future-Zone-Projekt 105
   2.1 Ausgangssituation 105
      2.1.1 Projektpartner SevenOne Media 105
      2.1.2 Kundenintegration im Rahmen der Future Zone 107
      2.1.3 Barrieren der Kundenintegration 108
      2.1.4 Unternehmensinterne Herausforderungen 110
   2.2 Umsetzung 111
      2.2.1 Technologie 111
      2.2.2 Organisation 115
      2.2.3 Beeinflussung der Unternehmenskultur bei der Implementierung der Future Zone 118
   2.3 Bewertung 125
      2.3.1 Auswertung der Teilnahme 125
      2.3.2 Anreize zur Nutzung der Future Zone 127
      2.3.3 Integration der Kunden durch die Future Zone 127
   2.4 Empfehlung 130
      2.4.1 Interne Kommunikationsmaßnahmen durchführen 131
      2.4.2 Anreizsystem institutionalisieren 133
      2.4.3 Innovationsfördernde Unternehmenskultur festigen 135
      2.4.4 Verwendung des generierten Wissens 136
      2.4.5 Integratives Monitoringsystem etablieren 137
   2.5 Management Summary 138
   2.6 Literaturempfehlungen 140

Teil 3:
Was Sie bei der Integration von Kunden beachten sollten

1. Weitere Instrumente der aktiven Kundenintegration 145
   1.1 Lead-User-Methode 146
      1.1.1 Die vier Phasen der Lead-User-Methode 148
      1.1.2 Der Einsatz von Kreativitätstechniken 156
   1.2 Communities 160
      1.2.1 Merkmale von Communities 161
      1.2.2 Die Open-Source-Community als Paradebeispiel 163
      1.2.3 Übertragung des Open-Source-Gedankens 165
      1.2.4 Communities als Mittel zur aktiven Kundenintegration 167

2. Wettbewerbsvorteile durch aktive Kundenintegration _____ 172
   2.1 Reduzierung der Time-to-Market _____ 173
   2.2 Reduzierung der Cost-to-Market _____ 174
   2.3 Steigerung des Fit-to-Market _____ 175
   2.4 Erhöhung des New-to-Market _____ 175
3. Zehn Regeln für die erfolgreiche Kundenintegration _____ 176
4. Literaturempfehlungen _____ 179

Die Autoren _____ 181

Teil 1:
Was Sie über Kundenintegration wissen sollten

1. Warum Innovationen scheitern

Neue Produkte und Dienstleistungen sind die Voraussetzung für den langfristigen Erfolg eines Unternehmens. Tatsächlich erreicht die überwältigende Mehrheit innovativer Lösungen jedoch nie die Marktreife. Im Investitionsgüterbereich wird von Flopraten zwischen 20 und 40 Prozent, im Konsumgüterbereich sogar zwischen 30 und 90 Prozent berichtet. Der Innovationsforscher Robert Cooper verdeutlicht das volkswirtschaftliche Ausmaß von ineffizienten Entwicklungsprozessen mit folgender Erkenntnis:

> „Ich beschäftige mich seit mehr als 25 Jahren mit dem Thema Produktinnovation. In dieser Zeit wurden von mir und meinem Team etwa 2 000 Produkte von mehr als 400 Unternehmen aus aller Welt untersucht. In den USA fließen 46 Prozent aller Ressourcen, die für Entwicklung und Vermarktung neuer Produkte nötig sind, in Projekte, deren Ergebnisse nie auf den Markt gelangten. Insgesamt bringt nur eines von sieben Projekten den erhofften wirtschaftlichen Erfolg."
>
> (Interview mit R. Cooper, in: CASH – Das Handelsmagazin, 9/2001, S. 78 f.)

Mit den Worten „Erfolg ist die Ausnahme, Scheitern die Regel" fasst der Technikhistoriker Reinhold Bauer in ähnlicher Weise die Ergebnisse seiner jahrelangen Forschungen über gescheiterte Innovationen zusammen und verweist im selben Atemzug auf den Ausspruch seines französischen Kollegen Bernard Réal: „Der Friedhof gescheiterter Innovationen ist zum Bersten voll." (Real, B. (1990), S. 12, zitiert in: R. Bauer (2006), S. 9)

Bauer liefert eine Typologie des Scheiterns und führt zwei Hauptgründe für das Misslingen von Innovationsprojekten an:

▶ technische Schwierigkeiten (in den meisten Fällen verbunden mit falschem Management) und

▶ fehlende Orientierung an den Bedürfnissen der Kunden.

Bekannte Großprojekte, die aufgrund von technischen Schwierigkeiten und Managementfehlern scheiterten, sind beispielsweise der „Schnelle Brüter", der „Cargolifter" oder auch das Riesenwindrad „Growian". Exemplarisch sei hier die Entwicklungsgeschichte dieser Windkraftanlage ausgeführt.

Beispiel Growian

Konzipiert wurde „Growian" mit einer Höhe von 150 Metern (vom Boden bis zur Rotorblattspitze) und einer Leistung von drei Megawatt. Zahlreiche Experten warnten, dass eine solch gigantische Anlage mit den gegebenen technischen Möglichkeiten nicht zu verwirklichen sei. Sowohl die ausführenden Ingenieure wie auch das Bundesforschungsministerium zeigten sich unbeirrt und hielten an dem Prestigeobjekt fest. 1983 wurde „Growian" in Betrieb genommen, wobei von Anfang an technische Komplikationen, wie beispielsweise Überlastschäden, auftraten. Nach vier pannenreichen Jahren, in denen das Windrad insgesamt nur 420 Stunden lief, wurde das Projekt 1987 stillgelegt.

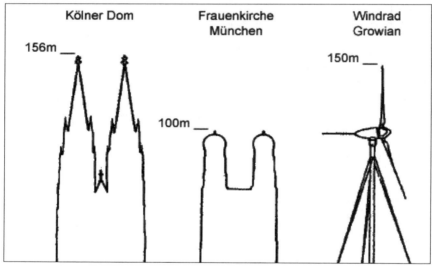

Abbildung 1: Größendarstellung des Windrads „Growian"

Die weitaus größere Zahl an Innovationsprojekten scheitert jedoch nicht an technischen Schwierigkeiten, sondern an einer unzureichenden Einschätzung der Kundenbedürfnisse. Bezüglich der zukünftigen Entwicklung von Neuerungen finden sich innerhalb der Innovationsforschung zahlreiche (mittlerweile zu fraglicher Berühmtheit gelangte) Fehlprognosen.

Beispiele

So äußerte sich Kaiser Wilhelm II Anfang des 20. Jahrhunderts über das Fortbewegungsmittel der Zukunft: „Ich glaube an das Pferd. Das Automobil ist nur eine vorübergehende Erscheinung." Auch D.F. Zanuck, Chef der 20th Century Fox, irrte mit seiner 1946 geäußerten Prognose: „Das Fernsehen wird nach den ersten sechs Monaten am Markt scheitern. Die Menschen werden es bald satt haben, jeden Abend in eine Sperrholzkiste zu starren." Bezüglich der Entwicklung von Computern existieren mehrere berühmte Fehlprognosen. So antwortete IBM-Präsident T. Watson 1943 auf die Frage nach dem Marktpotenzial von elektronischen Datenverarbeitungsmaschinen: „Meines Erachtens gibt es einen Weltmarkt für vielleicht fünf Computer." Ebenso falsch lag Ken Olson, Gründer von Digital Equipment, der noch im Jahr 1977 behauptete: „Es gibt keinen Grund, warum irgend jemand in der Zukunft einen Computer bei sich zu Hause haben sollte". Und auch Bill Gates irrte, als er im Jahr 1981 die Behauptung aufstellte: „640 KBytes (Arbeitsspeicher) ist alles, was irgendeine Applikation jemals benötigen sollte."

Zielen diese Beispiele auf falsche Annahmen hinsichtlich Entwicklungen innerhalb einer gesamten Branche ab, so sind es gerade die Fehleinschätzungen bei konkreten Produkten, die die Existenz eines innovierenden Unternehmens ernsthaft gefährden können.

Beispiel Janus

Im Sommer 1957 startete die Firma Zündapp die Produktion des Kleinwagens „Janus". Der antike Gott, dessen Eigenschaft es ist, doppelgesichtig nach vorne und hinten zu blicken, wurde deswegen als Namenspatron gewählt, weil die Fondspassagiere mit dem Rücken zur Fahrtrichtung, also nach hinten schauend, im Wagen Platz nehmen mussten. Die Produktion wurde bereits 1958 nach Herstellung von nur knapp 7 000 Exemplaren wieder eingestellt, da einerseits der Preisvorteil gegenüber kleinen Mittelklassewagen zu gering war und andererseits die Verkaufszahlen nach einem guten Start rapide abnahmen, was dadurch ausgelöst wurde, dass auf der Rückbank mitfahrende Passagiere – besonders nach kurvenreichen Fahrten – sehr häufig über Schwindel und Übelkeit klagten. Tatsächlich wurden die durch die innovative Sitzanordnung neu entstandenen Belastungen für die Mitfahrer während der Entwicklung nie richtig getestet.

Abbildung 2: Zündapp „Janus"
(Quelle: In Anlehnung an www.zuendapp-club.de)

Beispiel Itera

Ähnlich erfolglos ist die Geschichte des Plastikfahrrads „Itera", das von Volvo-Ingenieuren als Antwort auf den in Folge der Ölkrise boomenden Fahrradmarkt entwickelt und 1982 auf den Markt gebracht wurde. Ziel war es, ein preiswertes, leichtes und dabei stabiles Rad zu fertigen. Tatsächlich erwies sich das Plastikrad als robust und bot zudem den Vorteil, aus nur wenigen Einzelteilen zusammengesetzt zu sein. Um dem Rahmen aber die erforderliche Stabilität zu geben, mussten verschiedene Streben ungewöhnlich dick ausfallen, was dem Rad eine klobige Anmutung verlieh. Auch nahmen die Kunden den durch die Verwendung von Plastik gewonnenen Gewichtsvorteil gegenüber normalen Rädern nicht wahr; der Einsatz dieses Materials erzeugte vielmehr den Eindruck eines billigen Ersatzes. Die Folge war, dass sich das Fahrrad nicht verkaufte und die Produktion eingestellt wurde.

Wie beim Zündapp Janus war auch die Entwicklung des Plastikfahrrads überwiegend technisch getrieben, eine Orientierung an den Wünschen und Bedürfnissen der Kunden fand nicht statt. Grundsätzlich kann festgestellt werden, dass das, was technisch möglich ist, nicht in allen Fällen auch den Geschmack der Kunden trifft. Das Bildtelefon wie auch der „mitdenkende" Kühlschrank sind seit Jahren technologisch ausgereifte und kaufbare Produkte, allein der marktliche Erfolg steht aus. Erklärbar ist dies damit, dass diese Geräte nur vermeintlich die Bedürfnisse der Kunden befriedigen. Der Wunsch nach Privatsphäre und Entscheidungsautonomie (zumindest im Haushalt!) ist den meisten Menschen wichtiger.

Abbildung 3: Plastikrad „Itera"
(Quelle: www.ragoarts.com)

Die aktive Integration von Kunden in den Innovationsprozess stellt einen bislang nur von sehr wenigen Unternehmen praktizierten Ansatz dar, die Marktbedürfnisse systematisch zu ermitteln und somit Produktflops zu vermeiden. Besonders die Integration von Kunden in die frühen Phasen des Innovationsprozesses – also die Phasen der Ideengenerierung und Ideenbewertung – erweist sich als viel versprechend, bauen doch alle weiteren Entwicklungsschritte, wie auch letztlich die Markteinführung, hierauf auf. Die Kernidee einer solchen Kundenintegration ist, dass durch den aktiven Einbezug von Nutzern in ehemals vom Unternehmen dominierte Aktivitäten ein Wissenstransfer zwischen den Akteuren stattfindet, der weit über die durch klassische Marktforschung erreichbaren Möglichkeiten hinausgeht. Dies soll im Folgenden ausführlicher dargestellt werden.

2. Kundenintegration ist Innovationsmanagement

Es gibt eine Vielzahl an Definitionen des Begriffs „Innovation". Gemeinsam ist allen, dass eine Innovation ein Element der Neuigkeit enthält, was auch durch den lateinischen Ursprung des Wortes „innovatio" nahe liegend ist.

> **Innovatio = Neuerung, Neueinführung oder Neuheit**

Innovationen können sowohl auf der inhaltlichen als auch auf der prozessualen Ebene stattfinden, wie beispielsweise

- Herstellung eines neuen Gutes,
- Einführung einer neuen Produktionsmethode,
- Erschließung eines neuen Absatzmarktes,
- Erschließung einer neuen Bezugsquelle für Rohstoffe und
- Durchführung einer betrieblichen Neuorganisation.

Prozessinnovationen zielen darauf ab, die innerbetrieblichen Faktoren Kosten, Zeit, Sicherheit und Qualität zu optimieren.

Bei **Produktinnovationen** hingegen wird der Verwertungsprozess am Markt berührt, sodass eine neue Leistung entsteht, die es dem Benutzer erlaubt, neue Zwecke zu erfüllen bzw. vorhandene Zwecke in einer völlig neuartigen Weise wahrzunehmen.

Untersuchungen haben gezeigt, dass sich der Innovationsprozess nicht linear vollzieht, sondern vielmehr in rekursiven Schleifen verläuft und mitunter durch zahlreiche Brüche gekennzeichnet ist. Demgegenüber herrscht bei der Darstellung des Innovationsprozesses in der relevanten Literatur große Übereinstimmung darin, den Entwicklungsablauf innerhalb eines linearen Phasenmodells darzustellen, wobei regelmäßig auf den Abstrahierungscharakter dieser Visualisierungsweise verwiesen wird. Der Innovationsprozess wird dabei vereinfachend in zeitliche Segmente eingeteilt, wobei jede Phase durch verschiedene Problemlösungsverfahren charakterisiert wird. Die Spannweite der Darstellungsmöglichkeiten reicht von dreistufigen bis zu 67-stufigen Phasenmodellen. Häufig findet sich ein fünfstufiges Modell, bestehend aus den Phasen (1) Ideengenerierung und Ideenbewertung, (2) Konzepterstellung, (3) Entwicklung, (4) Prototypenbau und (5) Markteinführung.

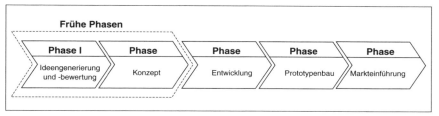

Abbildung 4: Frühe Phasen im Innovationsprozess
(Quelle: Herstatt/Verworn (2003), S. 9)

Die Phasen der Ideengenerierung und -bewertung werden als frühe Innovationsphasen bezeichnet. Sie beinhalten alle Aktivitäten vor dem eigentlichen Projektstart und sind durch äußerst dynamische, zumeist unstrukturierte und von hoher Unsicherheit geprägte Aktivitäten gekennzeichnet. Diese Unsicherheiten können marktlicher und technologischer Art sein.

Zur **technologischen Unsicherheit** zählen beispielsweise die Bedenken hinsichtlich der technischen Anforderungen eines Produkts und dessen Umsetzbarkeit sowie die Unsicherheit bezüglich der optimalen Fertigungsstrategie. Wie eingangs beschrieben, führten beim Riesenwindrad „Growian" technische Schwierigkeiten zur Einstellung des Projekts.

Marktliche Unsicherheit setzt sich unter anderem zusammen aus Bedenken bezüglich der Beschaffenheit und Größe des Zielmarkts sowie aus Unsicherheiten bezüglich der besonderen Bedürfnisse der Kunden im Zielmarkt und deren individueller Zahlungsbereitschaft. Das Plastikfahrrad „Itera" scheiterte aufgrund fehlender marktlicher Eignung.

Anhand dieser beiden Unsicherheitstypen der frühen Innovationsphase kann folgende Klassifizierung von Innovationsprojekten vorgenommen werden (vgl. Abbildung 5, Seite 22):

1. **Inkrementelle Innovationen** bauen auf vorhandenem Wissen auf und sind somit durch eine geringe technische und marktliche Unsicherheit gekennzeichnet. Hierzu zählen Produktverbesserungen oder so genannte *Me-too-Produkte*, wie beispielsweise die Nachahmung des ursprünglich von Sony entwickelten Walkman durch zahlreiche andere Hersteller.

2. **Marktliche Innovationen** erschließen neue Märkte mit bekannten Technologien, wie beispielsweise Turnschuhe, die nicht länger nur als Sportartikel, sondern ebenso als Lifestyleprodukte angesehen werden.

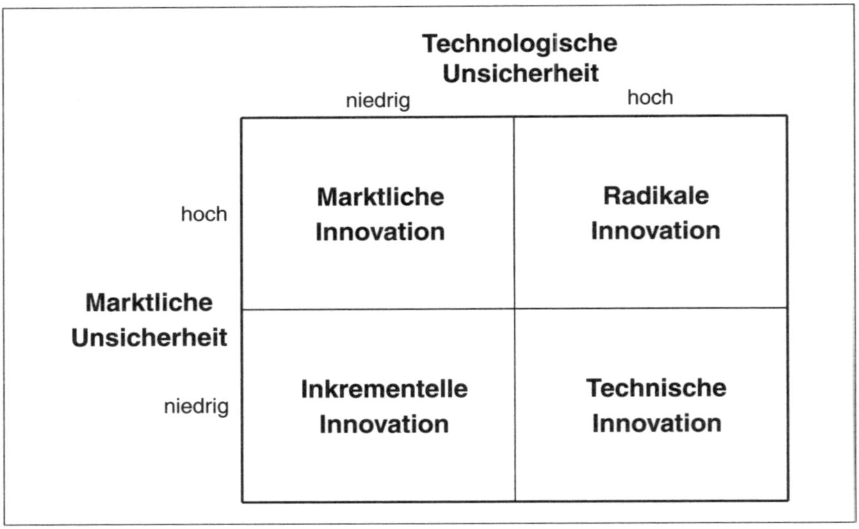

	Technologische Unsicherheit	
	niedrig	hoch
Marktliche Unsicherheit hoch	Marktliche Innovation	Radikale Innovation
niedrig	Inkrementelle Innovation	Technische Innovation

Abbildung 5: Klassifizierung von Innovationsprojekten
(Quelle: Pearson (1990), S. 186)

3. **Technische Innovationen** bedienen bekannte Märkte mit neuen technischen Lösungen. Ein Beispiel hierfür sind portable CD-Player, die als Nachfolger des Walkman gesehen werden können.
4. Das größte Ausmaß an Unsicherheit ist mit **radikalen Innovationen** verbunden. Sowohl die marktliche Akzeptanz als auch die technische Umsetzbarkeit sind zu Beginn des Innovationsprozesses nicht bekannt. Videorekorder und Heimcomputer sind Beispiele solcher *Breakthrough-Innovationen*, die sich am Markt durchgesetzt haben.

Welche Bedeutung die frühen Innovationsphasen für den Innovationserfolg haben, zeigt sich daran, dass 75 bis 85 Prozent der Produktlebenskosten während der frühen Phasen festgelegt werden, obwohl hierfür nur 5 bis 7 Prozent der Gesamtkosten anfallen, und ebenso werden 80 Prozent der Termine und 70 Prozent der Qualität determiniert.

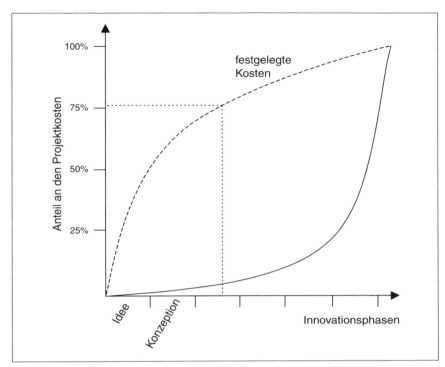

Abbildung 6: Projektphasenspezifischer Anteil der Projektkosten
(Quelle: Herstatt/Verworn (2003), S. 7)

Gelingt es ferner nicht, bereits in den frühen Phasen des Innovationsprozesses klare Vorgaben, wie beispielsweise eine möglichst eindeutige Spezifikation eines Produkts, zu erarbeiten, führt dies oft zu teilweise erheblichen und kostenintensiven Nacharbeiten in späteren Prozessphasen. Eine groß angelegte Studie ergab, dass sich im Bereich der deutschen Industriegüterproduktion hinter fast 40 Prozent des Gesamtentwicklungsaufwands vermeidbare Änderungen verbergen.

3. Kundenintegration ist Wissensmanagement

Während des Innovationsprozesses ist ein Unternehmen zahlreichen Unsicherheiten ausgesetzt. Die Ursache für diese Unsicherheiten kann – wie im vorigen Abschnitt dargestellt – auf fehlende Informationen des Unternehmens hinsichtlich technologischer und marktlicher Gegebenheiten zurückgeführt werden. Die Ausräumung der Informations- bzw. Wissensdefizite stellt somit die zentrale Aufgabe für die erfolgreiche Durchführung eines Innovationsprojekts dar.

Grundsätzlich kann Wissen bzw. Information folgendermaßen definiert werden:

> **Wissen** ist jede Form der Repräsentation von Teilen der realen oder gedachten Welt in einem materiellen Trägermedium.
>
> **Informationen** sind Bestandteile dieses Wissens, die zwischen Menschen übermittelt werden können, beispielsweise durch gesprochene Sprache, Gestik, Schrift, Funksignale oder Bilder.

Im Innovationskontext werden dabei zwei Arten von Information unterschieden: *Bedürfnis-* und *Lösungsinformation*.

Bedürfnisinformation beinhaltet Wünsche, Präferenzen und Anforderungen der Kunden an eine Neuentwicklung hinsichtlich Funktionalität, Leistungsfähigkeit, Qualität, Design und Preis. Zahlreiche Untersuchungen zeigen, dass der richtige Zugang zur Bedürfnisinformation der Kunden überlebenswichtig ist, jedoch von den meisten Unternehmen nur unzulänglich wahrgenommen wird. So werden beispielsweise mangelndes Verständnis für die Kundenbedürfnisse und Marktanforderungen auf Seiten der Hersteller und nicht technische Probleme für das Scheitern einer Vielzahl von Innovationsprojekten angesehen.

Durch **Lösungsinformation** ist es auf der anderen Seite möglich, die erhobenen Bedürfnisse zu erfüllen. Im traditionellen Innovationsverständnis sind alleine die Unternehmen im Besitz von Lösungsinformation, mithilfe derer sie innerbetriebliche Technologien und Kompetenzen zur Entwicklung innovativer Produkte und Dienstleistungen kombinieren. Die Bedürfnisinformation der Kunden wird dabei über (häufig vergangenheitsbezogene) Marktforschungsaktivitäten erhoben, worauf aufbauend vermeintlich geeignete Problemlösungen konzipiert werden. Aktive Kundenintegration geht einen Schritt weiter. So öffnet der Hersteller nicht nur einen direkten Kanal, um die Bedürfnisinformation der Kunden direkt und systematisch zu erheben, sondern er ermöglicht es dem Kunden darüber hinaus, in Zusammenarbeit mit dem Unternehmen selbstständig innovativ zu werden. Dieses Vorgehen basiert auf der Erkenntnis, dass Kunden nicht nur im Besitz von Bedürfnisinformation, sondern auch von Lösungsinformation sind. Tatsächlich besitzen viele Kunden umfassendes und detailliertes Wissen, wie ihre unerfüllten Wünsche umgesetzt werden können.

Kundenintegration ist aus diesem Grund nichts anderes als das Management von Kundenwissen, das nur durch die direkte Interaktion mit den Kunden zugänglich gemacht werden kann. Hersteller stehen jedoch häufig vor dem Problem, dass das benötigte Wissen vom Kunden einen hohen impliziten Charakter aufweist. Wird explizites Wissen als strukturiertes und leicht dokumentierbares (kodifizierbares) Wissen definiert, so handelt es sich bei implizitem Wissen um schwer übertragbares, häufig auch unbewusstes Wissen. In der englischsprachigen Literatur wird dafür der Begriff **tacit knowledge** verwendet. Aus diesem unbewussten Charakter des impliziten Wissens lassen sich die Eigenschaften Nichtartikulierbarkeit, Nichtkodifizierbarkeit, Nichtbeobachtbarkeit und Nichtübertragbarkeit ableiten. Daher kann implizites Wissen nicht mittels formaler (Schul-)Ausbildung erworben werden, sondern wird durch langjährige, in der Praxis gesammelte persönliche Erfahrungen angehäuft. Beispielsweise ist es einem Arzt nur sehr schwer möglich, seine jahrzehntelangen Erfahrungen einem jungen Medizin-Studenten eindeutig und strukturiert weiterzugeben.

In diesem Zusammenhang wird auch der Begriff **sticky information** verwendet. Das Kundenwissen wird deshalb als „klebrig" bezeichnet, weil es quasi an seinem Träger haftet und nur sehr schwer und zum Teil unter großem – auch finanziellem – Aufwand übertragen werden kann.

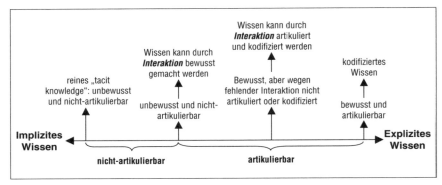

Abbildung 7: Das Wissenskontinuum
(Quelle: In Anlehnung an Frost (2005), S. 157)

Das Erfassen der Bedürfnis- wie auch der Lösungsinformation der Kunden stellte einen elementaren Bestandteil für erfolgreiche Innovationsprojekte dar. Je besser dieses Kundenwissen erschlossen werden kann, desto geringer ist die marktliche Unsicherheit des Unternehmens. Das Erschließen der *sticky information* des Kunden stellt somit die zentrale Herausforderung bei der Integration von Kunden in den Innovationsprozess dar, was im folgenden Abschnitt näher erläutert werden soll.

4. Kundenintegration ist Öffnen

Nach wie vor wird das Handeln vieler Unternehmen durch die über viele Jahrzehnte angesammelten Erfahrungen mit traditionellen industriellen Organisationsstrukturen geprägt. Wesentliches Merkmal dieser klassischen industriellen Organisation ist das Modell der funktionalen Arbeitsteilung in der Aufbauorganisation und eine mit den Methoden der Arbeitsanalyse systematisch entwickelte Ablauforganisation.

Durch maximale Arbeitsteilung sowie durch personelle Trennung von ausführender und dispositiver Arbeit kann das komplexe Problem der Koordination der betrieblichen Leistungserstellung für eine gegebene Ausstattung und Anordnung von Produktionsfaktoren „optimal" gelöst werden. Diese klassische industrielle Organisation der Wertschöpfungsaktivitäten bezog sich dabei auf eine Fertigungsart, die den herrschenden Marktbedingungen in den ersten acht Jahrzehnten des 20. Jahrhunderts (ungesättigte Nachfrage, stabile Absatzmärkte, lange Produktlebenszyklen, begrenzte Zahl an bekannten Wettbewerbern) am ehesten entsprach: Die Produktion von Massengütern für eine weitgehend anonyme Abnehmerschaft. Der Kunde stellt innerhalb dieses Paradigmas einen reinen Wertschöpfungsempfänger bzw. Wertvernichter (Konsument) dar. Tatsächlich kann diese traditionelle Sichtweise eines homogenen Massenmarkts aufgrund radikaler Änderungen der wirtschaftlichen Rahmenbedingungen als überholt angesehen werden.

> **„The mass market is dead."**
>
> Kotler (1989)

Die ausgeprägte Design- und Erlebnisorientierung vieler Nachfrager, begleitet von einem neuen Qualitäts- und Funktionalitätsbewusstsein sowie hedonistisch begründeten Individualisierungsbedürfnissen, machen es erforderlich, dass sich Anbieter zunehmend in Richtung einzelkundenspezifischer Leistungserstellung bewegen müssen, um wettbewerbsfähig zu bleiben (= *markets of one*). Auch zeigt sich immer mehr, dass eine strikte Trennung in Produkt und Dienstleistung in vielen Fällen nicht länger möglich ist. Dienstleistungen sind dadurch gekennzeichnet, dass sie nicht ohne Integration eines externen Faktors erbracht werden können. So kann der Kunde selbst oder ein im Einflussbereich des Kunden stehendes Objekt der zu integrierende Faktor sein (vgl. Haarschnitt bzw. Autoreparatur). Abbildung 8 zeigt die Integration von Kunden in den Leistungserstellungsprozess bei Dienstleistungen.

Der Leistungserstellungsprozess findet auf zwei Ebenen statt. In der Vorkombination beschafft und kombiniert der Hersteller interne Produktionsfaktoren und baut so ein Leistungspotenzial (Problemlösungsfähigkeiten) auf. Die zweite Stufe beschreibt den eigentlichen kundenspezifischen Leistungserstellungsprozess, in dem die gewünschte Leistung unter Einbezug des Abnehmers als externer Faktor auf Basis des vorhandenen Potenzials erstellt wird. Durch diese aktive Rolle im Wertschöpfungsprozess wird aus dem wertevernichtenden Konsumenten ein **Co-Produzent** oder **Prosumer**. Durch die Hinzunahme der Dimension **Lösungsraum** (engl.: *solution space*) ist eine Übertragung des Konzepts vom Leistungserstellungsprozess auf den Innovationsprozess möglich. Der Lösungsraum definiert die Freiheitsgrade eines Kundenintegrationssystems. Erlaubt ein geschlossener Lösungsraum dem Kunden nur, sich im Rahmen vordefinierter Leistungskombinationen zu bewegen, wie beispielsweise bei einfachen Produktkonfigurationssystemen, so wird ihm durch einen

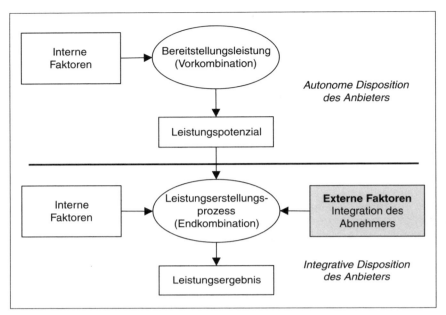

Abbildung 8: Integration von Kunden in den Leistungserstellungsprozess
(Quelle: In Anlehnung an Hildebrand (1997))

offenen Lösungsraum die Möglichkeit gegeben, völlig neuartige Zweck-Mittel-Kombinationen im Sinne echter Innovationen zustande zu bringen.

Allgemein lässt sich sagen, dass die innerhalb des festen Lösungsraums positionierten Kundenintegrationsarten unterschiedliche Grade der Arbeitsteilung von Kunde und Anbieter hinsichtlich der gemeinsamen Wertschöpfungsaktivitäten bei einem Leistungserstellungsprozess darstellen. Mit einem Öffnen des Lösungsraums werden Kunden nun zu gleichberechtigten Partnern im betrieblichen Innovationsprozess. Aus dem Co-Produzenten, der sich aktiv am Leistungserstellungsprozess beteiligt, wird somit ein im Innovationsprozess aktiver **Co-Innovator**. Dieses Öffnen des innerbetrieblichen Innovationsprozesses für externe Einflüsse wird insgesamt als **Open Innovation** bezeichnet. Open Innovation ist demgemäß das genaue Gegenteil des aus dem traditionellen Wertschöpfungsverständnis bekannten geschlossenen Innovationsprozesses, bei dem Neuentwicklungen allein auf den internen Quellen eines Unternehmens – konzentriert in der F&E-Abteilung – beruhen. Open Innovation und aktive Kundenintegration geht somit weiter als reine Selbstbedienung (vgl. Fahrkartenautomat) oder Marktforschung. Im Mittelpunkt steht die

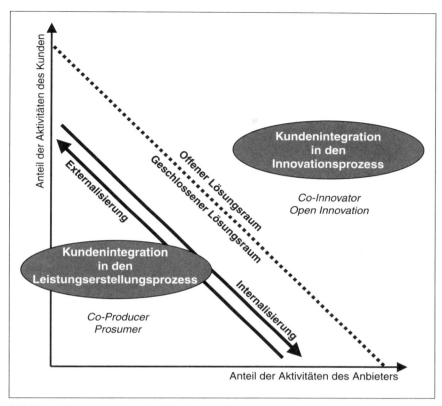

Abbildung 9: Integration von Kunden in den Innovationsprozess
(Quelle: Visualisierung der Ausführungen von Reichwald/Piller (2006), S. 95ff.)

partnerschaftliche Organisation der Leistungserstellung in einer Community aus Kunden, Nutzern, Herstellern, Lieferanten, Händlern und anderen Quellen innovativen Wissens.

Ein hervorragendes Beispiel für Open Innovation und aktive Kundenintegration ist das Leipziger Unternehmen „Spreadshirt" [www.spreadshirt.net]. Kundenintegration findet hier zunächst im Rahmen der Produktindividualisierung statt, indem Kunden eigene individuelle T-Shirts gestalten können, die dann vom Anbieter produziert werden. Doch das Unternehmen integriert die Kunden darüber hinaus auch in die Gestaltung des Corporate Designs (Open-Logo-Projekt) und entwickelt in Zusammenarbeit mit der Community neue Geschäftsbereiche.

Beispiel Spreadshirt

Spreadshirt verkauft individuelle T-Shirts und andere Bekleidungsprodukte. Diese können von jedem einzelnen Kunden selbst gestaltet werden, entweder mit einem eigenen Grafikprogramm auf dem heimischen PC oder aber durch ein einfaches Mal-Programm im Internet. Das Unternehmen hat dazu ein hochflexibles Produktionssystem aufgebaut, das per Digitaldruck eine effiziente Einzelfertigung möglich macht. Eine weitere Besonderheit ist, dass jeder Kunde nicht nur ein eigenes T-Shirt gestalten und produzieren lassen kann, sondern dieses auch via Spreadshirts Online-Shoppingsystem an andere Kunden weiterverkaufen kann. Mit wenigen Mausklicks kann jeder Kunde einen eigenen Online-Shop eröffnen und selbst zum Anbieter werden. Spreadshirt produziert und vertreibt die Waren und kassiert eine Provision („Micro-Merchandising" hat das Unternehmen dieses Vertriebssystem getauft). Durch die flexible Einzelfertigung ist dieses System sowohl für Kunden-Anbieter als auch für Spreadshirt ohne Absatzrisiko.

Durch seine vielen kleinen Minishops in seiner Bedeutung weithin unterschätzt, expandiert Spreadshirt gerade weltweit. Spreadshirt ist heute der europäische Marktführer unter den T-Shirt-Händlern im Internet (T-Shirts sind eines der erfolgreichsten E-Commerce-Produkte überhaupt). Seit einem Jahr baut Spreadshirt sein internationales Geschäft stark aus und ist inzwischen auch in den USA vertreten. Erste Achtungserfolge konnten die Leipziger dort schon erzielen. So betreibt seit September die populäre US-Bloggingseite BoingBoing einen Merchandise-Shop bei Spreadshirt. Im Unterschied zu anderen Händlern und Herstellern bekommen Spreadshirt-Produkte ihren Feinschliff jeweils erst vor Ort. Jedes Shirt wird „on demand" im Zielland produziert und erst von dort aus verschickt. So können deutsche Nutzer nach ausgefallenen Motiven in britischen, spanischen oder polnischen Spreadshirt-Shops stöbern und sich die Shirts, Taschen und Sticker dann aus Leipzig zuschicken lassen.

Da das Unternehmen seine Produkte quasi auf Zuruf vor Ort produziert, fallen bei Spreadshirt keine internationalen Versandkosten an. Bestellungen deutscher BoingBoing-Fans werden zum Beispiel von Deutschland aus verschickt. Auch darin sieht Spreadshirt einen Vorteil seiner globalen Expansionsstrategie mit lokaler Präsenz. Vom Direktvertriebsmodell von Spreadshirt profitieren die Kunden ebenso wie die lokalen Designer. Letztere partizipieren direkt an den Verkaufserlösen. Wie stark, das bestimmen sie über den frei wählbaren Verkaufspreis selbst. Über 100 000 Partnershops betreibt Spreadshirt inzwischen auf seiner

Plattform und übernimmt von der Produktion über den Versand bis hin zur Zahlungsabwicklung alles für seine Handelspartner. Die Partner bekommen eine selbst festgelegte Provision auf alle Artikel, die sie verkaufen.

Spreadshirt gewinnt eigenen Angaben zufolge jede Woche 1 000 neue Shop-Partner hinzu. Jeden Monat kann die Plattform 10 000 neu designte Produkte anbieten. Auch wenn sich mittlerweile 220 Mitarbeiter um die Abwicklung kümmern, ist diese Produktvielfalt nur möglich, da die Kunden aktiv an der Wertschöpfung beteiligt sind. Gefragt ist vor allem die Kreativität beim Design der Motive und das Verkaufstalent der Kunden, um die selbst kreierten „Designerstücke" auch optimal zu vermarkten. Doch Spreadshirt integriert seine Kunden auch zunehmend in den Innovationsprozess (Stichwort: Open Innovation). So suchte das Unternehmen im Januar 2006 in einem offenen Design- und Auswahlprozess ein neues Firmenlogo. Die Logo-Aktion ist eine von mehreren Initiativen, mit denen Spreadshirt die Design-Community stärker aktivieren und an sich binden will. Erst kürzlich hat Spreadshirt zusammen mit dem London Design Festival die besten Shirt-Designer gesucht und ausgezeichnet.

5. Kundenintegration ist Methodenkompetenz

Traditionell sammeln Unternehmen die Bedürfnisinformation ihrer Kunden mithilfe verschiedener Marktforschungsmethoden, um anschließend passende Produkte zu entwickeln, was in den meisten Fällen einen langwierigen Prozess mit zahlreichen Iterationsschleifen darstellt. Internetbasierte Interaktionsplattformen stellen eine sehr gute Möglichkeit dar, den Kunden in die Leistungserstellung bzw. Produktentwicklung zu integrieren und somit den gesamten Prozess zu beschleunigen. So erfolgt die Gestaltung des individuellen T-Shirts bei Spreadshirt sowie die Entwicklung des Unternehmenslogo mithilfe einer internetbasierten, multimedial aufbereiteten Designwebsite. Insgesamt werden derartige Interaktionsplattformen als **Toolkits** bezeichnet.

> **Toolkits** stellen technologische Werkzeuge dar, die es Nutzern erlauben, ein neues Produkt durch eine Trial-and-Error-Vorgehensweise selbst zu entwickeln, wobei ein permanentes Feedback bezüglich des Entwicklungsstandes geliefert wird.

Bei Produktentwicklungen mithilfe eines Toolkits wird der Kunde von Anfang an in die Lage versetzt, alle Innovationsschritte selbstständig durchzuführen: Der Kunde entwickelt, baut, testet und verbessert seine Leistung, bis er damit zufrieden ist. Das Unternehmen stellt bei dieser Vorgehensweise einerseits ein Toolkit bereit und fertigt andererseits das vom Kunden entwickelte Produkt.

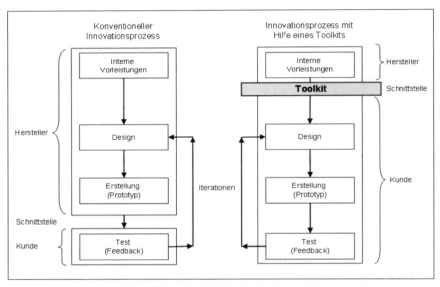

Abbildung 10: Konventioneller vs. toolkit-basierter Innovationsprozess
(Quelle: In Anlehnung an Thomke/von Hippel (2002), S. 5)

Es finden sich fünf Anforderungen, die ein Toolkit erfüllen sollte, um effizient eingesetzt werden zu können.

1. So muss ein vollständiges **Trial-and-Error-Lernen** möglich sein, wobei der Kunde stets die Möglichkeit haben sollte, den Entwicklungsstand einzusehen und Änderungen vorzunehmen.

2. Darüber hinaus muss durch die Bereitstellung eines **angemessenen Lösungsraumes** sichergestellt sein, dass Kunden die gewünschte Leistung selbstständig gestalten können.
3. Ein Toolkit sollte ein Höchstmaß an **Benutzerfreundlichkeit** aufweisen, um eine intuitive Handhabung zu gewährleisten und dem Nutzer das vollständige Funktionsspektrum zugänglich zu machen.
4. Die Ausstattung des Toolkits mit **Standardmodulen und Standardkomponenten**, die vom Nutzer frei in die eigenen Entwicklungen integriert werden können, soll die Konzentration auf den zentralen Aspekt der Neuentwicklung erleichtern.
5. Schließlich soll eine **fehlerfreie Übersetzung** des Kundendesigns die unmittelbare Produktion der selbst gestalteten Leistungen ohne weitere Anpassungen und Korrekturen beim Hersteller ermöglichen.

Beispiel Swarovski

*1999 brachte das auf Kristallbearbeitung spezialisierte österreichische Unternehmen **Swarovski** einen Körperschmuck aus kleinen Kristallsteinen (Crystal Tattoos) auf den Markt. Nach dem ersten Erfolg lag es im Interesse des Unternehmens herauszufinden, welche Muster den Geschmack der Kunden am besten treffen und wie neue Trends aussehen könnten. Es wurde entschieden, die potenziellen Käufer an der Entwicklung neuer Tattoos zu beteiligen. Als Konsequenz veranstaltete Swarovski Anfang 2002 einen internetbasierten Ideenwettbewerb, bei dem Kunden mithilfe eines Toolkits Ideen für kreative neue Muster und Formen einbringen konnten.*

Das internetbasierte Toolkit wurde auf der Basis eines Java-Applets realisiert. Auf einer Montagefläche konnten beliebig viele Perlen, die am Bildrand in unterschiedlichen Farben und Größen angeboten wurden, durch eine einfache Drag-and-Drop-Funktion angeordnet werden. Dem Teilnehmer war es immer möglich, seine Schritte rückgängig zu machen oder bereits platzierte Perlen weiter zu verschieben, womit die Anforderung einer Trial-and-Error-Vorgehensweise erfüllt wurde. Auch war der Lösungsraum so offen ausgelegt, dass echte Neukreationen möglich waren. Der Lösungsraum wurde jedoch dahingehend eingeschränkt, dass nur sinnvolle Anordnungen zugelassen wurden. So wurden beispielsweise zu weite Perlenabstände oder Überschneidungen, die in der späteren Produktion nicht hätten realisiert werden können, ausgeschlossen.

Der Ideenwettbewerb war über einen Zeitraum von vier Wochen zugänglich, wobei insgesamt über 300 Personen teilnahmen und über 260 verwertbare Motive entwickelt wurden. Eine interne Jury, bestehend aus Designern und Mitarbeitern der Marketingabteilung, prämierte die besten Kreationen. Die Auswertung aller Motive half, neue Trends, wie beispielsweise den Wunsch nach Tiermotiven, zu identifizieren. Vor dem eigentlichen Entwerfen waren die Kunden darüber hinaus gebeten worden, einen Online-Fragebogen mit Angaben zu Alter, Geschlecht, Vorlieben etc. auszufüllen. Indem die Motivideen mit den Fragebogendaten verknüpft wurden, konnte festgestellt werden, welcher Kundentyp welche Art von Ornament bevorzugt. So wurden nicht nur die besten Entwürfe des Ideenwettbewerbs nach geringfügiger Überarbeitung in Serie produziert und erfolgreich verkauft, sondern die Marketingmanager des Unternehmens waren auch in der Lage, speziell auf das jeweilige Kundensegment abgestimmte Produkte und zielgruppenspezifische Kommunikationskampagnen zu entwickeln.

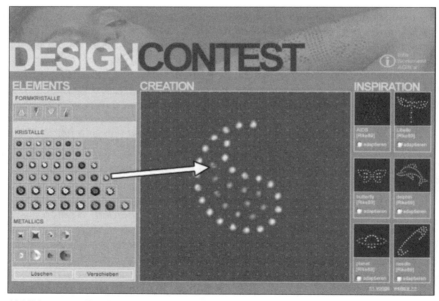

Abbildung 11: Toolkiteinsatz bei Swarovski
(Quelle: Füller/Mühlbacher/Rieder (2003), S. 45)

6. Management Summary

Eine Vielzahl von Innovationen scheitert, da zu wenig auf die Bedürfnisse der Kunden eingegangen wird. Die aktive Integration von Kunden in den Innovationsprozess (besonders in die Phasen der Ideengenerierung und Ideenbewertung) mithilfe einer internetbasierten Interaktionsplattform stellt eine praktikable Methode dar, das relevante Kundenwissen (Bedürfnisinformation) systematisch zu erschließen. Grundlage für diese Aktivitäten ist die Öffnung des betrieblichen Innovationsprozesses für externe Quellen.

Nachdem in Teil 1 die Grundlagen zum Thema Kundenintegration gelegt worden sind, folgen in Teil 2 konkrete Umsetzungsbeispiele – einerseits der Sportartikelhersteller adidas und andererseits das Vermarktungsunternehmen SevenOne Media.

7. Literaturempfehlungen

Innovationsmanagement und Produktflops

Bauer, R. (2006): Gescheiterte Innovationen. Fehlschläge und technologischer Wandel, Frankfurt.

Cooper, R.G. (2002): Top oder Flop in der Produktentwicklung. Erfolgsstrategien: Von der Idee zum Launch, Weinheim.

Herstatt, C./Verworn, B. (Hrsg.) (2003): Management der frühen Innovationsphasen, Wiesbaden.

Hauschildt, J. (2004): Innovationsmanagement, München.

Pearson, A. (1990): Innovation Strategy, in: Technovation, 10 (1990), S. 185-192.

Real, B. (1990): La puce et le chomage. Essais sur la relation entre le progrès technique, la croissance et l'emploi, Paris.

Kundenintegration und Open Innovation

Chesbrough, H. (2003a): Open Innovation. The New Imperative for Creating and Profiting from Technology, Boston.

Hildebrand, V. (1997): Individualisierung als strategische Option der Marktbearbeitung, Wiesbaden.

Hippel, E. von (2005): Democratizing Innovation, Cambridge. Online verfügbar unter: web.mit.edu/evhippel/www/democ.htm.

Kotler, P. (1989): From Mass Marketing to Mass Customization, Planning Review, Vol. 17 (5).

Reichwald, R./Piller, F. (2006): Interaktive Wertschöpfung. Open Innovation, Individualisierung und neue Formen der Arbeitsteilung, Wiesbaden. Kostenloser Download: http://www.open-innovation.com/iws/buch.html

Sticky Information

Blümm, C. (2002): Die Bedeutung impliziten Wissens im Innovationsprozess, Wiesbaden.

Frost, J. (2005). Märkte in Unternehmen, Wiesbaden.

Hippel, E. von (1998). Economics of product development by users: the impact of „sticky" local information. Management Science, 44 (1998) 5: 629-644.

Toolkits

Füller, J./Mühlbacher, H./Rieder, B. (2003): An die Arbeit, lieber Kunde – Kunden als Entwickler, Harvard Business Manager, Vol. 25 (5): 34-54.

Thomke, S./Hippel, E. von (2002): Customers as Innovators: A New Way to Create Value, Harvard Business Review, Vol. 80 (4): 74-81.

Schreier, Martin (2005). Wertzuwachs durch Selbstdesign: Die erhöhte Zahlungsbereitschaft beim Einsatz von „Toolkits for User Innovation and Design", Wiesbaden.

Teil 2:
Umsetzungsbeispiele von Kundenintegrationsprojekten

1. Kundenintegration bei adidas: das mi adidas-und-ich-Projekt

1.1 Ausgangssituation

Seit längerem war es das oberste Ziel der **adidas-Salomon AG**, auf die sich ändernden Wettbewerbsbedingungen im Sportschuhmarkt zu reagieren und nach alternativen Geschäftsfeldern zu suchen. Als Konsequenz wurde in Zusammenarbeit mit dem Lehrstuhl IOM das Mass-Customization-Projekt mi adidas entwickelt und im Jahr 2000 erfolgreich in den Markt eingeführt. Grundidee von **mi adidas** ist es, Schuhe, die an die individuellen Bedürfnisse des Trägers angepasst sind, nicht wie bislang nur professionellen Athleten, sondern allen Interessierten anzubieten. Da der Kunde beim Mass-Customization-Ansatz stark in den Leistungserstellungsprozess integriert wird, waren die mi adidas-Verantwortlichen von Anfang an auch daran interessiert, den Kunden aktiv in den Innovationsprozess mit einzubeziehen.

Ziel der Forschungskooperation von adidas mit dem Lehrstuhl IOM innerhalb des Projekts WINserv war es, geeignete internetbasierte Konzepte zur Integration von Kunden in den Innovationsprozess von mi adidas zu entwickeln, zu erproben und zu evaluieren. Um die innerhalb des Projekts durchgeführten Aktivitäten besser zu verstehen, wird zunächst der Kooperationspartner adidas bzw. mi adidas näher vorgestellt.

1.1.1 Projektpartner adidas

Die Ursprünge der adidas-Salomon AG gehen bis in das Jahr 1920 zurück, als Adi Dassler in einer Werkstatt in Herzogenaurach seinen ersten Leinen-Turnschuh fertigte. In den folgenden Jahren konzentrierte er sich auf die Herstellung von Spezialschuhen für die Sportarten Fußball und Leichtathletik, wobei er als Erster Schuhe mit Stollen und Dornen auf den Markt brachte. Bereits 1928 wurden Schuhe von Adi Dassler bei Olympischen Spielen getragen. 1937 umfasste das Sortiment über 30 verschiedene Modelle für insgesamt elf Sportarten. Nach dem Zweiten Weltkrieg nahm Adi Dassler 1948 mit 47 Mitarbeitern die Schuhproduktion wieder auf. Als Produktnamen wählte er die beiden ersten Silben seines Vor- und Zunamens. 1949 fand die offizielle Eintragung des Namens adidas in das Handelsregister statt. Ebenso wurden im selben Jahr die drei Streifen als

Markenzeichen angemeldet. Nach fast 70 Jahren schied die Familie Dassler 1989 aus dem Unternehmen aus. Im November 1995 ging das Unternehmen an die Börse und fusionierte zwei Jahre später mit der Salomon Gruppe zur adidas-Salomon AG. Im Mai 2005 gab das Unternehmen den Verkauf der Sparte Salomon an den finnischen Sportartikelhersteller Amer Sports für 485 Mio. Euro bekannt und kündigte wenige Monate später den Kauf des amerikanischen Konkurrenten Reebok an. Mehr als 110 eigene Tochterunternehmen, Joint Ventures und Lizenznehmer sorgen weltweit für die Distribution der Produkte in den fünf Regionen Europa/ Naher Osten, Afrika, Nordamerika, Asien/Pazifik und Lateinamerika. Insgesamt arbeiten über 17 000 Menschen für das Unternehmen.

> 1999 verkaufte adidas mehr als 80 Mio. Schuhe und 150 Mio. Outfits. Der Umsatz im Jahr 2004 betrug 6,5 Mrd. Euro mit einem Jahresüberschuss von 314 Mio. Euro. Das Unternehmen ist damit Europas größter Sportschuhhersteller. Mit der 3,1 Mrd. Euro teuren Akquisition von Reebok kommt adidas auf 28 Prozent des weltweiten Sportschuhmarkts, der ein Volumen von 11,5 Milliarden Dollar hat, und verringert seinen Abstand zum weltgrößten Sportschuhhersteller Nike (Marktanteil 31 Prozent).

Neben adidas (einschließlich Reebok) wird der internationale Schuhmarkt von den Unternehmen **Nike**, **Asics** und **Puma** bestimmt. Allen Marken ist gemeinsam, dass sie die Schuhproduktion seit Jahren ins Ausland (meist Asien) verlagert haben. Die verbliebenen Kernkompetenzen der Unternehmen liegen in der Erkennung von Markttrends sowie der Entwicklung neuer Produkte. Mit dem Outsourcing der Produktion verfolgten die Unternehmen das Ziel, durch Kostenoptimierung auf die schwierige Marktsituation zu reagieren.

So machen sich gerade im Schuhbereich einschneidende gesellschaftliche Veränderungen wie wachsende Individualisierungswünsche, Konsum-Hedonismus, Erlebnisorientierung und ein Trend zu Lifestyle-Produkten bemerkbar. Darüber hinaus setzen neue, modische Unternehmen etablierte Marken wie adidas unter Druck. Außerdem verlangen immer mehr Konsumenten qualitativ hochwertige Schuhe für weniger Geld, wobei die Bindung der Kunden an ein Unternehmen stetig nachlässt.

Die Reaktion der Schuhhersteller auf diese Kundenanforderungen lag innerhalb der letzten Jahre darin, die Zahl der angebotenen Varianten enorm zu erhöhen. Eine Variantenzunahme hat jedoch eine steigende

Prognose- und Planungsunsicherheit zur Folge. Die Konsequenzen sind kostenintensive Lagerbestände, ein zunehmendes Moderisiko, eine hohe Komplexität in der Zulieferkette und immer höhere Discounts, um Überproduktionen abzuverkaufen. Dazu kommen verlorene Umsätze für Schuhe, die trotz großer Nachfrage nicht in ausreichenden Mengen oder richtigen Größen verfügbar sind. Die adidas Führung reagierte Mitte der 1990er Jahre auf diese Situation mit dem Entschluss, mit **Mass Customization** eine neue Form der Wertschöpfung zu verfolgen.

Mass Customization

Der Ausdruck Mass Customization ist eigentlich ein Widerspruch in sich, da die sonst gegensätzlichen Begriffe *Mass Production* und *Customization* zu einem Begriff verbunden werden. Ausführlich wurde das System zum ersten Mal 1993 von **Pine** in einer Forschungsarbeit am Massachusetts Institute of Technology (MIT) untersucht. Ende der 1990er Jahre führte **Piller** den Begriff in den deutschen Sprachraum ein. Grundsätzlich kann Mass Customization als *kundenindividuelle Massenfertigung* übersetzt werden. Man unterscheidet offene und geschlossene Mass-Customization-Systeme. Bei einem offenen System *(Soft Customization)* werden große Stückzahlen mit geringer Variantenvielfalt hergestellt, die dem Händler bzw. dem Kunden die Möglichkeit zur Individualisierung bieten. Als Beispiel kann hier das individuelle Einstellen einer Skibindung genannt werden. Im Gegensatz hierzu ist bei geschlossenen Systemen *(Hard Customization)* eine intensive Interaktion *(Konfiguration)* zwischen Anbieter und Kunde nötig. Die Individualisierung vollzieht sich in der Produktion. Ein Beispiel hierfür ist die Fertigung kundenindividueller Kleidungsstücke wie T-Shirts, Hosen oder Schuhe.

1.1.2 Mass-Customization-Projekt mi adidas

Adidas startete im Jahr 2000 das Mass-Customization-Projekt mi adidas mit dem Angebot der Schuhindividualisierung für den Bereich Fußball und Laufen.

> **Mass Customization beim Konkurrenten Nike**
>
> Der weltweit größte Sportartikelhersteller Nike praktiziert schon seit 1999 eine Individualisierungsstrategie im Sportschuhbereich unter dem Namen **NikeID**. Über seine Internetseite bietet das Unternehmen unterschiedliche Modelle aus den Bereichen Laufen, Fußball und Basketball zur Online-Konfiguration durch den Kunden an. Die angebotenen Schuhe basieren dabei auf den normal erhältlichen Serienmodellen und können lediglich in der Farbgebung sowie durch einen eigenen Schriftzug vom Kunden individualisiert werden. Eine Visualisierung zeigt, wie der Schuh später aussehen wird. Hat sich der Kunde für eine Farbkombination und einen Schriftzug, der aus bis zu acht Zeichen bestehen kann, entschieden, kann er noch seine Schuhgröße angeben und die Bestellung mit der Eingabe seiner Lieferadresse abschließen. Etwa fünf Wochen später erfolgt die Auslieferung per UPS. Preislich liegt der an die Gestaltungswünsche des Kunden angepasste Schuh mit zusätzlichen 10 US-Dollar nur geringfügig über dem des Standardmodells.

Im Vergleich zu Nike geht mi adidas hinsichtlich Produktindividualisierung noch einen bedeutenden Schritt weiter. Der Kunde kann nicht nur zwischen verschiedenen Farbgestaltungen und Schriftzügen für den gewünschten Schuh wählen, sondern auch mithilfe von verschiedenen statischen und dynamischen Messsystemen die exakte Länge und Breite seiner Füße sowie die Besonderheiten seines Laufstils bestimmen lassen. Ein derartiger Service, bei dem auf die Wünsche des Kunden hinsichtlich Passform (*fit*), Funktion (*performance*) und Aussehen (*design*) eingegangen wird, war bislang nur professionellen Athleten vorbehalten.

Die Schuhe werden zu einem Preis angeboten, der etwa 50 Prozent über dem des Standardschuhs liegt. Die Erhebung der Individualisierungsinformationen erfolgt in den Verkaufsräumen von Sporthäusern an einem mobilen Konfigurationsterminal, der so genannten *mi adidas Unit*. Diese Units samt Betreuungsteam können von Sporthändlern für einen Zeitraum von wenigen Tagen bis mehreren Wochen gebucht werden. Zusätzlich werden die mi adidas Units auch bei Sportgroßereignissen wie beispielsweise Marathonläufen aufgebaut. Darüber hinaus plant adidas die Zahl seiner Concept-Stores, zu deren Ausstattung eine fest installierte mi adidas Unit gehört, weltweit auszubauen. Allen Terminals ist gemein, dass speziell ausgebildete Produkttrainer die kundenindividuellen Anforderungen erfassen. Die Termine, an denen eine Unit in einem Sportgeschäft aufgebaut wird, werden im Vorfeld auf der adidas Website und durch den Sporthändler bekannt gegeben. Das Terminal besteht aus einem statischen Präzisionsmessgerät, mit dem die Fußlängen und -breiten bestimmt werden, einer Sensormatte, dem so genannten *Footscan-System*, mit dem die dynamische Druckverteilung der Füße ermittelt wird, einem Laptop, der die Informationen sammelt und verarbeitet, sowie einem Regalsystem mit mehreren hundert Probeschuhen. Die **Erhebung der kundenindividuellen Daten** wird in mehreren Schritten durchgeführt:

1. Im ersten Schritt erfolgt die Erfassung der genauen Länge und Breite jedes Fußes. Dies geschieht mit dem Messsystem, auf das sich der Kunde zu Beginn des Konfigurationsprozesses nach Ausziehen seiner Schuhe stellen muss. Es hat sich gezeigt, dass bei der Mehrheit aller Kunden die Maße der beiden Füße nicht übereinstimmen. So wurden zum Teil Abweichungen von bis zu drei Zentimetern in der Länge gemessen, eine Tatsache, die wiederum das Anbieten individuell angepasster Schuhe noch sinnvoller erscheinen lässt.

2. Im nächsten Schritte erfolgt die Untersuchung des Laufverhaltens. Hierzu wird der Kunde aufgefordert, mehrmals ohne Schuhe so über die Footscan-Matte zu laufen, wie es seinem gewöhnlichen Stil entspricht. Die durch das dynamische Messsystem ermittelte Druckverteilung der abrollenden Füße wird dem Produkttrainer am Computerbildschirm sofort visualisiert.

3. Anschließend erfolgt das Testen eines Probeschuhs. Ein wesentlicher Bestandteil der Unit sind die Regale mit den Probeschuhen. Nach Eingabe der Maße und Bestimmung des Laufverhaltens schlägt der Computer einen Schuh für jeden Fuß vor, der dem Kunden vom Produkttrainer zum Anprobieren zur Verfügung gestellt wird.

4. Der nächste Schritt besteht aus der Auswahl des individuellen Schuhdesigns. Am Computerbildschirm wird ein umgestalteter weißer Basis-Schuh dargestellt, der sich in alle Richtungen drehen und wenden lässt. Der Kunde kann nun verschiedene Bereiche des Schuhs, wie beispielsweise Zunge, Oberleder, Streifen etc., auswählen und auf einer Farbpalette eine von 50 verschiedenen Farben wählen. Schließlich hat

er die Möglichkeit, auf jeden Schuh ein Monogram mit maximal acht Zeichen (Buchstaben oder Zahlen) sticken zu lassen.

5. Im letzten Schritt erfolgt die Erfassung der persönlichen Daten des Kunden; auch werden Zahlungs- und Auslieferungsmodalitäten besprochen. Alle erhobenen Konfigurationsdaten werden an die mi adidas-Zentrale in Herzogenaurach übermittelt, von wo sie zur Produktion nach Asien weitergeleitet werden.

Nach etwa drei bis vier Wochen erfolgt die Lieferung der individualisierten Schuhe an den Sporthändler, in dessen Räumen die Konfiguration stattgefunden hat. War der Sporthändler im Vorfeld des mi adidas-Besuchs für Werbemaßnahmen, Terminvereinbarungen und das Entgegennehmen einer Anzahlung zuständig, so ist er nach Lieferung der Schuhe dafür verantwortlich, die Kunden zu benachrichtigen und den Restbetrag bei Abholung der Schuhe entgegenzunehmen. Sollten in der Nachkaufphase Fragen auftreten, so wird als erstes der Sporthändler kontaktiert.

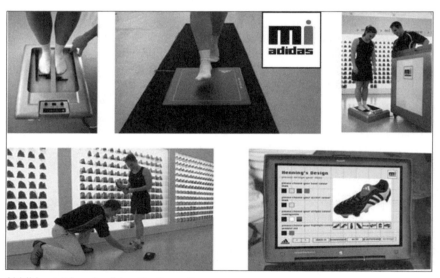

Abbildung 12: mi adidas-Konfigurationsprozess

Beispiel: Laufschuh Supernova

Die kundenindividuelle Anpassung des Grundmodells erfolgt durch die Kombination der fünf Komponenten (1) Länge, (2) Breite, (3) Stützsystem, (4) Farbgebung und frei wählbarer (5) Schriftzug. Bei der Länge werden 24 verschiedene Ausprägungen, so genannte Graduierungen, unterschieden, die jeweils um 4,23 Millimeter variieren. In der Breite hat der Kunde die Wahl zwischen vier Ausprägungen: schmal, mittel, weit und extraweit. Bezüglich des Laufverhaltens besteht die Möglichkeit, ein zusätzliches Stützsystem einarbeiten zu lassen. Das mi adidas-Individualisierungskonzept kann als ein so genanntes match-to-order-System bezeichnet werden. Die verschiedenen Ausprägungen der Module sind zum größten Teil bereits vorgefertigt. Sie werden also schon produziert, ohne dass ein spezieller Kundenauftrag vorliegt. Sobald der Auftrag eingeht, beginnt die Herstellung des Schuhs, indem die gewünschten Module kombiniert werden. Die Farbgebung und Erstellung der Stickereien erfolgt durch flexible Fertigungsverfahren. Insgesamt hat der Kunde pro Schuh die Auswahl aus über 192 Kombinationen für die individuellen Anforderungen an fit und performance. Addiert man die Möglichkeiten von design noch dazu, ist man im Bereich mehrerer Millionen Kombinationen.

1.2 Umsetzung

Die Entscheidung der mi adidas-Verantwortlichen, ein Projekt zur Integration von Kunden in den Innovationsprozess durchzuführen, basiert im Wesentlichen auf drei Komponenten:

▶ **Kundennähe**

Spricht man mit Verantwortlichen bei adidas, so gelangt man sehr schnell zu der Erkenntnis, dass es sich bei den zentralen Kunden des Unternehmens um Großabnehmer, wie Karstadt, Footlocker etc., handelt. Das Unternehmen ist beinahe zu hundert Prozent im B2B-Markt tätig. Der Kontakt zu den Endkunden findet aus diesem Grund nur sehr begrenzt und fast ausschließlich über Intermediäre statt. Die kundenindividuellen Konfigurationen bei mi adidas basieren jedoch auf der direkten Interaktion mit dem Konsumenten und stellen somit eine Prozessinnovation innerhalb des traditionellen Geschäftsmodells dar. Schon zu Beginn der Konzeption von mi adidas wurde aufgrund dieser

Kundennähe ebenfalls die Integration des Kunden in den Innovationsprozess als logische Konsequenz eingeplant.

▶ Ausbau der CRM-Aktivitäten

Nicht zuletzt aufgrund der Tatsache, dass der Schuhmarkt von einem immensen Wettbewerbsdruck sowie einer stetig wachsenden Käufermacht beherrscht wird, sehen sich gerade die großen Hersteller gezwungen, trotz ihres traditionellen Schwerpunkts im B2B-Geschäft, verstärkt auf die Bedürfnisse der Endkonsumenten einzugehen und lang anhaltende Kundenbeziehungen aufzubauen. Der Ausbau von Aktivitäten innerhalb des Customer Relationship Managements (CRM) ist deshalb von höher strategischer Wichtigkeit. CRM kann allgemein als bereichsübergreifende, meist IT-unterstützte Geschäftsstrategie definiert werden, die auf den systematischen Aufbau und die Pflege dauerhafter und profitabler Kundenbeziehungen abzielt. Die im WINserv Projekt vorgesehene Entwicklung einer internetbasierten Interaktionsplattform zur Entgegennahme des Kundenfeedbacks stellt ein CRM-Tool par excellence dar.

▶ Entwicklungspotenziale

Wie bereits erwähnt, wurde mit dem Mass-Customization-Projekt mi adidas im Jahr 2000 begonnen. Da dieses Thema relativ neu ist, ergeben sich zahlreiche Bereiche, innerhalb derer Verbesserungen bestehender Prozesse sowie komplette Neuerungen einen echten Mehrwert darstellen und somit sehr willkommen sind. Das Durchführen eines Kundenintegrationsprojekts ist somit nicht nur zum Aufbau von Kundenbeziehungen wichtig, sondern liefert darüber hinaus auch konkrete Vorschläge zur Optimierung des betrieblichen Leistungsangebots.

Das Projekt startete im Juli 2001 mit einer intensiven Explorationsphase, innerhalb derer das spezifische Innovationsmanagement bei adidas untersucht wurde. Darauf aufbauend wurden zahlreiche Integrationskonzepte entwickelt. Die Entscheidung durch die adidas-Verantwortlichen fiel schließlich auf einen internetbasierten Ideenwettbewerb als die für mi adidas geeignetste Kundenintegrationsmethode. Der Ideenwettbewerb sollte so gestaltet werden, dass kreative Beiträge zur Verbesserung bzw. Neuausrichtung des bestehenden Kaufvorgangs einschließlich der Nachkaufphase eingesendet werden und nicht zur Verbesserung der bestehenden Produkte.

Der Fokus lag somit auf Dienstleistungs- und nicht auf Produktinnovationen. Das Durchführen des Ideenwettbewerbs stellt jedoch nur eine Komponente des Projekts dar. In einer parallelen Fragebogenaktion wurden darüber hinaus die **Motive** und **Eigenschaften** der Kunden erhoben, um detaillierte Informationen über deren **Teilnahme-** und **Leistungsverhalten** zu bekommen. Diese Informationen sollten einerseits zur **Bewertung** der Kundenintegrationsmethode Ideenwettbewerb herangezogen werden und andererseits als Grundlage für weitergehende Verbesserungsvorschläge dienen.

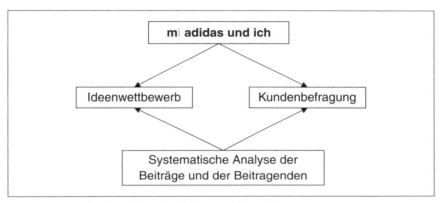

Abbildung 13: Struktur des mi adidas-und-ich-Projekts

Ende Juni 2004 wurde das Kundenintegrationsprojekt mi adidas-und-ich offiziell gestartet und die ersten Kunden zur Teilnahme eingeladen. Während der Durchführung des mi adidas-und-ich-Projekts wurde der letzte Schritt im Konfigurationsprozess durch die Aufklärung des Kunden über das Projekt ergänzt, wobei unter anderem ein Informationsblatt mit den wichtigsten Details ausgeteilt wurde. Parallel zum Ideenwettbewerb wurde, wie beschrieben, eine Kundenbefragung durchgeführt. Um die Kunden nicht zu überfordern, wurden alle nötigen Fragen auf insgesamt drei so genannte Kampagnen verteilt, die den Kunden über mehrere Wochen hinweg nacheinander zugänglich gemacht wurden. Innerhalb einer vierten Kampagne sollten am Ende des Projekts alle eingesandten Ideen von den Kunden bewertet werden. Grundsätzlich wurde folgender Ablauf verfolgt:

► Mit dem Projektstart wurde der Kunde am Verkaufsterminal darauf hingewiesen, dass er in den nächsten Tagen via E-Mail zur Teilnahme am Projekt eingeladen wird. Die Teilnahme war gemäß den Vorgaben der adidas-Verantwortlichen ausschließlich für mi adidas-Kunden im deutschsprachigen Raum für den beschränkten Zeitraum von sechs Monaten vorgesehen.

▶ Hinsichtlich des Sportschuhtyps wurden keine Einschränkungen gemacht, sodass sowohl Kunden von Laufschuhen als auch von Fußballschuhen teilnehmen konnten.

▶ Um nur den mi adidas-Kunden den Zugang zur Internetplattform zu gewähren, wurden in der Einladungsmail die persönlichen Zugangsdaten übermittelt. Nahm der Kunden innerhalb von sieben Tagen an keiner Kampagne teil, so wurde eine einmalige Erinnerungsmail versandt.

▶ In der Einladungsmail wurden dem Kunden kurz das Ziel des Projekts erklärt und Hinweise zur Bedienung gegeben. Darüber hinaus wurde er zur Beantwortung der ersten Fragenkampagne eingeladen und auf den Ideenwettbewerb aufmerksam gemacht.

▶ Schließlich wurde noch mitgeteilt, dass unter den Teilnehmern, die alle Fragebögen vollständig ausfüllen, zehn Bundesliga-Karten verlost werden würden.

▶ Die Preise für die von einer adidas-internen Jury ermittelten drei besten Einsendungen bestanden aus einer Einladung nach Herzogenaurach mit Einkaufsgutscheinen im Wert von je 250 Euro.

Hat sich der Kunde nach Erhalt seiner Zugangsdaten erfolgreich eingeloggt, kommt er zu einer personalisierten Startseite, auf der er mit Namen begrüßt wird und verschiedene Informationsangebote und Teilnahmemöglichkeiten vorfindet. So erfährt er beispielsweise, was das Ziel des Projekts ist, er kann das Projektkonsortium einsehen und sich über die Datenschutz- und Rechtsbestimmungen informieren. Wichtigster Punkt in diesem Bereich ist die Auflistung der Fragekampagnen und des Ideenwettbewerbs. Grundsätzlich ist der Ideenwettbewerb in zwei Bereiche geteilt:

▶ Zum einen gibt es den Bereich **gestalte**, bei dem der Kunde seine kreativen Beiträge systematisch formulieren kann.

▶ Zum anderen findet sich der Bereich **bewerte**, bei dem der Kunde die Möglichkeit hat, die Ideen anderer Teilnehmer zu bewerten und fortzuführen.

Die systematische Ideenformulierung im gestalte-Bereich wird durch eine Visualisierung der wichtigsten Stationen des Kaufprozesses und Situationen der Nachkaufphase unterstützt. Zu jeder Station werden stichwortartig einige ausgewählte Teilschritte genannt. Insgesamt werden der

Kaufprozess und die Nachkaufphase in zwölf Einzelschritte aufgeteilt. Folgende Abbildung zeigt den Aufbau der gestalte-Seite des Ideenwettbewerbs mit Darstellung der Einzelsituationen:

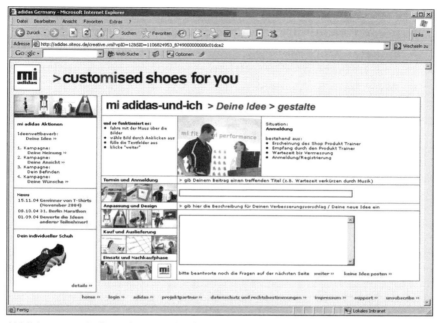

Abbildung 14: Aufbau der gestalte-Seite des Ideenwettbewerbs

▶ Beim ersten Schritt **Termin** können Beiträge zu Gegebenheiten im Vorfeld des eigentlichen Kaufprozesses eingesendet werden. Ausgesuchte Stichworte hierzu sind mi adidas-Werbeaktivitäten, Website-Gestaltung und Terminvereinbarungsmodalitäten. Weitere Phasen sind:

- **Gestaltung:** Erscheinung des Geschäfts, Platzierung des Verkaufsterminals, Gestaltung des Terminals etc.
- **Anmeldung:** Erscheinung des Produkttrainers, Empfang, Wartezeit bis Vermessung, Registrierung etc.
- **Scanning:** Fußvermessung, Footscan etc.
- **Fitting:** Visualisierung der Fußformen, Erläuterung der Stützsysteme, Identifikation der Schuhe, Auswahl und Test der Probeschuhe etc.

- **Design:** Beratung am PC, Farbauswahl, Stickerei etc.
- **Kaufabschluss:** Bestellung, Mappe mit Zertifikat, Ende der Individualisierung, Anzahlung beim Händler etc.
- **Produktion:** Wartezeit, Benachrichtigung durch Händler etc.
- **Auslieferung:** Abholung und Begutachtung der Schuhe etc.
- **Einsatz:** Schuhe im Einsatz, Zufriedenheit mit den Schuhen, Probleme mit den Schuhen, Verbrauch der Schuhe etc.
- **After Sale Services:** Reorder, Newsletter, Hotline etc.
- **Advanced Services.** Bei diesem letzten Schritt hat der Kunde die Freiheit, weitergehende Vorschläge, die keiner anderen Situation zuzuordnen sind, einzusenden.

Mithilfe einer *On-Mouse-Over*-Funktion wird dem Kunden beim Überfahren der Bilder angezeigt, um welche Situation und Teilschritte es sich im Speziellen handelt. Nach Auswahl einer Station durch Anklicken des Bildes hat der Kunde die Möglichkeit, in ein Titelfeld eine passende Überschrift für seinen Beitrag zu schreiben und in einem darunter erscheinendem Freitextfeld seine kreativen Gedanken in beliebiger Länge auszuformulieren. Nach Absenden der Idee gelangt der Kunde zurück auf die Startseite, wo er eine weitere Idee eingeben oder im Bereich **bewerte** die Ideen anderer Kunden beurteilen kann. Der Kunde hat die Möglichkeit, diese Beiträge anhand verschiedener Beurteilungsdimensionen zu bewerten. Darüber hinaus kann er den Beitrag durch Eintrag in ein Freitextfeld kommentieren oder fortsetzen. Ursprüngliche Idee, wie auch Bewertung und Kommentar, sind für alle anderen Kunden einsehbar.

Das mi adidas-und-ich-Projekt wurde über sieben Monate, vom 28. Juni 2004 bis 31. Januar 2005, durchgeführt. In den ersten beiden Fragekampagnen wurden neben Fragen zur Kundenzufriedenheit auch die grundlegenden demo- und soziographischen Merkmale wie Alter, Geschlecht, Schulabschluss etc. erfasst. Die dritte Kampagne enthielt Fragen zur Untersuchung des Teilnahme- bzw. Leistungsverhaltens der Kunden. Abweichend von Fragebogenerhebungen, bei denen allen Personen der Zielgruppe gleichzeitig ein Fragebogen per E-Mail oder Post zugesandt wird bzw. der Hinweis gegeben wird, einen für eine gewisse Zeit zur Verfügung stehenden Online-Fragebogen auszufüllen, werden beim mi adidas-und-ich-Projekt die Teilnehmer sukzessive, Woche für Woche, zur Teilnahme eingeladen. So kann der Rücklauf nicht schon nach wenigen Tagen abgesehen werden, sondern aufgrund des kumulativen Charakters erst am Ende der Projektlaufzeit. Allein die Einladung zur vierten und letzten

Kampagne, bei der die Kunden die Möglichkeit hatten, alle während des Projekts eingegangenen Ideen zu bewerten, wurde stichtagsbezogen am 27.12.2004 verschickt.

1.3 Bewertung

Die Durchführung des mi adidas-und-ich Projekts stellte für adidas eine radikale Prozessinnovation dar, die von zahlreichen Unsicherheiten begleitet war. Ziel des Projekts war es demgemäß, festzustellen, ob die Kunden sich überhaupt an dem Projekt beteiligen (= Teilnahmeverhalten) und ob die beim Ideenwettbewerb eingesandten Beiträge überhaupt kreativ sind (= Leistungsverhalten). Mithilfe der Fragebogenkampagne sollte untersucht werden, welche Motive und Eigenschaften für das beobachtete Verhalten eine Rolle spielen könnten, um in einem abschließenden Schritt konkrete Empfehlungen für eine dauerhafte Erschließung des Kreativitätspotenzials der Kunden auszusprechen.

1.3.1 Teilnahmeverhalten

Im Kundenaufnahmezeitraum vom 28.6. bis zum 5.11.2004 wurden insgesamt 774 XML-Datensätze an das System übermittelt, woraufhin den entsprechenden Kunden automatisch eine Einladungsmail zugesandt wurde. Bezüglich der Teilnahme an den Fragekampagnen kann festgestellt werden, dass nur diejenigen Kunden für die weiteren Untersuchungen in Frage kamen, von denen die relevanten Daten (möglichst) vollständig vorlagen. Die Überprüfung der Einsendungen ergab, dass die Datensätze von 136 Teilnehmern weiter verwendet werden konnten:

▶ Beim Ideenwettbewerb wurden insgesamt 103 Beiträge eingesandt, wobei sich zeigte, dass 82 Beiträge als sinnvoll bezeichnet werden konnten.

▶ Die 21 ausgeschlossenen Beiträge stellten mehr oder weniger ernst gemeinte Einträge dar, die vermutlich überwiegend zum Testen des Systems getätigt wurden.

▶ Die 82 verwertbaren Beiträge wurden von insgesamt 57 Personen verfasst. Dies beruht auf der Tatsche, dass einige Personen mehrere Beiträge eingesandt hatten.

► Jeweils eine Idee wurde von 38 Personen, jeweils zwei Ideen wurden von 15 Personen und jeweils drei Ideen wurden von drei Personen eingesandt. Eine Person verfasste sogar fünf kreative Beiträge.

Auf die Einladung, sich vollständig an den drei Fragekampagnen zu beteiligen, reagierten also 136 von 774 Personen, was einer Projektbeteiligungsquote von 17,6 Prozent entspricht. Von den 136 Kampagnen-Teilnehmern beteiligten sich 57 am Ideenwettbewerb (41,9 Prozent), während 79 keinen Beitrag einsandten (58,1 Prozent). Die Wettbewerbsteilnahmequote beträgt demgemäß 7,4 Prozent.

Situation	Anzahl	Prozent
Eingeladene Kunden	774	100 %
Kampagnenteilnehmer	136	17,6%
Teilnehmer am Ideenwettbewerb	**57**	**7,4%**
Nicht-Teilnehmer am Ideenwettbewerb	79	10,2%

Abbildung 15: Beteiligungsquoten

Es zeigte sich, dass die Themen der Einsendungen über alle zwölf Stationen unterschiedlich verteilt waren: 7 Beiträge zu **Termin**, 4 Beiträge zu **Gestaltung**, 6 Beiträge zu **Anmeldung**, 8 Beiträge zu **Scanning**, 9 Beiträge zu **Fitting**, 12 Beiträge zu **Design**, 3 Beiträge zu **Abschluss**, 9 Beiträge zu **Produktion**, 6 Beiträge zu **Lieferung**, 2 Beiträge zu **Einsatz**, 6 Beiträge zu **After Sale** und 10 Beiträge zu **Advanced Services**. Folgende Abbildung gibt eine Übersicht der Verteilung der 82 Beiträge auf die zwölf Stationen:

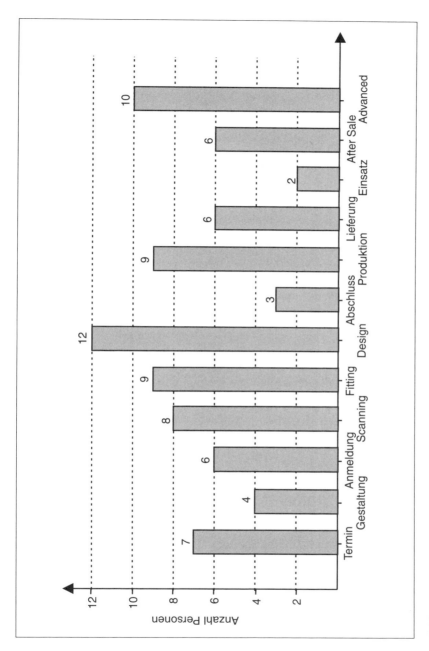

Abbildung 16: Verteilung der Ideen auf die unterschiedlichen Phasen

Bei den eingesandten Beiträgen gab es zahlreiche Mehrfachnennungen bzw. verwandte Ideen, was im Folgenden näher ausgeführt und durch ausgesuchte Statements belegt werden soll.

Beispielsweise wurde innerhalb der Design-Situation mehrmals in ähnlicher Weise der Wunsch geäußert, die Farbgestaltung des Schuhs im Vorfeld der Konfiguration zu Hause am Computer entwickeln zu können, um einerseits diesen Vorgang in aller Ruhe vollziehen zu können und sich gegebenenfalls mit Freunden und Verwandten zu besprechen. Auch würde während des Konfigurationsprozesses wertvolle Zeit gespart und man käme in Anbetracht der wartenden Nachfolgekunden nicht in Zugzwang:

Titel: Schuhdesign im Internet

„Ich fände es sehr gut, wenn man bereits ein paar Tage, bevor man ins Geschäft geht, sich schon mal im Internet mit dem Design beschäftigen kann. Mir ging das im Laden alles ein bisschen schnell. Ich habe beim Probelaufen etwas länger gebraucht, und der nächste Kunde wäre eigentlich schon dran gewesen. Warum bietet Ihr nicht die Design-Funktion, die Ihr auf dem Laptop im Laden habt, einfach im Internet an? Dann kann jeder vorher rumprobieren und sich vorher entscheiden."

Analog zu dieser Predesign-Phase wurde auch eine Postkonfigurations-Phase mehrfach vorgeschlagen. Hierbei sollte man die Möglichkeit haben, seine am Verkaufsterminal getroffenen Designentscheidungen im Nachgang ein paar Tage lang von zu Hause online zu bestätigen oder zu ändern:

Titel: Konfirmationsphase

„Ich hätte gerne das Design meines Schuhs meiner Frau zu Hause im Internet gezeigt, da ich nicht so farbsicher bin. Meine Idee ist, dass Ihr es dem Kunden ermöglicht, ein bis zwei Tage lang seine Farbeinstellungen ändern zu können."

Einigen Kunden waren die 50 angebotenen Farben zu wenig, sodass sich mehrfach Aussagen folgender Art fanden:

Titel: Mehr Farben

„Ich hätte gerne eine größere Auswahl an Farben gehabt. Das Blau, das ich haben wollte, war nicht dabei."

Ein Beitrag, der im After-Sales-Bereich ebenfalls mehrfach zu finden war, enthielt den Wunsch, neue Schuhe online nachbestellen zu können. Dies sollte dadurch möglich sein, dass die Kundendaten im System schon vorliegen und der Kunde lediglich den Liefertermin des Schuhs festlegen müsste. Ein sehr ambitionierter Läufer schlug sogar die Einrichtung einer Abonnement-Funktion vor, da er alle vier Monate neue Schuhe braucht. Die Mehrheit der zum Thema Online-Reorder eingegangenen Beiträge ähnelte folgender Aussage:

Titel: Nachbestellung im Internet

„Ich hätte gerne die Möglichkeit, meine Schuhe im Internet nachbestellen zu können und nicht wie bisher nochmals den gesamten Anpassungsprozess durchmachen zu müssen. Meine Schuhgröße und mein Laufstil ändern sich doch nicht so schnell! Gut wäre, wenn man für die neuen Schuhe andere Farben und andere Aufschriften im Internet wählen könnte."

Bei der Situation Advanced Services wurde mehrmals der ähnliche Wunsch geäußert, innerhalb einer mi adidas-Online-Community Erfahrungen auszutauschen:

Titel: Suche Gleichgesinnte

„Ich habe mir zum ersten Mal ‚customized shoes' anfertigen lassen und bin jetzt nach zwei Wochen Einsatz richtig begeistert. Ich laufe erst seit neun Monaten, und mit meinen alten Schuhen hatte ich immer nach ca. 5 km Schmerzen am linken Fuß. Jetzt ist alles super. Gerne würde ich mich mit erfahrenen mi adidas Läufern unterhalten, was man noch so alles beachten muss oder was es sonst noch so gibt. Ihr könntet doch auf der mi adidas-Website so was wie ein ‚Schwarzes Brett' einrichten, wo man sich unterhalten kann."

Innerhalb der vierten und letzten Kampagne konnten Kunden die Ideen anderer Kunden bewerten. Es wurden dazu einerseits alle im Projekt noch aktiven Personen eingeladen und andererseits alle bislang eingegangenen Ideen aufbereitet. So hatten die Kunden die Möglichkeit, die Beiträge anhand der Dimensionen Originalität, Kundennutzen, Anzahl der Nutznießer und Grad der Ausarbeitung auf einer siebenstufigen Skala zu bewerten und die Ideen ihrer Kollegen fortzusetzen oder zu kommentieren.

Titel: Schuhdesign im Internet

"Ich finde die Idee gut. Wenn man sich für ein Design im Internet entschieden hat, sollte man einen Zahlencode bekommen, den man dem Verkäufer im Geschäft gibt. Dieser Code beinhaltet alle Informationen, wie dein Schuh aussehen soll. Noch besser wäre, wenn man den Code direkt online den Verkaufsleuten zusenden kann. Wenn man dran kommt, sieht man auf dem Laptop schon seinen Wunschschuh."

Titel: Konfirmationsphase

"Ein bis zwei Tage finde ich zu viel, dadurch verzögert sich eventuell die Auslieferung des Schuhs. Mir würde es reichen, am Abend noch mal alles zu bestätigen."

Titel: Mehr Farben

"Bei dir war es Blau, bei mir hätten sie mehr Rottöne haben können. Ich wollte meine Schuhe besonders farbig gestalten. Ich bin ebenfalls dafür, dass mehr Farben kommen."

Titel: Nachbestellung im Internet

"Ich sehe das genauso. Eine Online-Nachbestellung ist dringend nötig. Bei mir war es diesmal das dritte Paar, das ich gekauft habe, und ich musste wieder alles mitmachen. Design ist mir nicht so wichtig. Das wichtigste ist, dass ich ein neues Paar Schuhe jederzeit selber online nachbestellen kann."

Titel: Suche Gleichgesinnte

"Die adidas Leute müssen gar nichts Neues erfinden. Sie müssten einfach eine Newsgroup wie andere Firmen auch aufbauen. Ich wäre dabei."

1.3.2 Leistungsverhalten

Zunächst gilt es bei der Untersuchung des Leistungsverhaltens festzustellen, ob die eingesandten Beiträge überhaupt kreativ sind. Zur Messung von Kreativität muss zunächst der Begriff Kreativität näher beleuchtet werden:

> „Die Gebäude um uns herum sind von Architekten gestaltet, unsere Kleidung wurde von einem Designer entworfen, der Sessel, auf dem Sie sitzen, wurde ergonomisch konzipiert – hinter all diesen Artefakten steht eine Person, die diese Dinge kreiert und damit eine ganz bestimmte Absicht verfolgt hat."
>
> Simonton in Funke (2000)

Mit Beginn der naturwissenschaftlichen Psychologie Ende des 19. Jahrhunderts gab es die ersten Schritte in die Richtung einer systematischen Erforschung von Kreativität. Bis dahin hielt man Kreativität für etwas, das wie ein Blitz über eine Person kommt und keiner weiteren Erklärung bedarf.

In der ersten Hälfte des 20. Jahrhunderts erschienen einige Untersuchungen zu kreativen Persönlichkeiten. Zahlreiche Autoren sehen im so genannten **Sputnik-Schock** die tatsächliche Ursache für die enormen Fortschritte auf dem Gebiet der theoretischen wie empirischen Kreativitätsforschung ab der Mitte des 20. Jahrhunderts. Am 4. Oktober 1957 startete ein kleiner Satellit vom russischen Raketenbahnhof Baikonur und umrundete die Atmosphäre – das Verständnis der USA als technologisch führende Weltmacht wurde dadurch in seinen Grundfesten erschüttert. Aus Sorge, nicht genug originelle Wissenschaftler zu produzieren, wurden groß angelegte wissenschaftliche Programme gestartet, mit denen begabte Menschen identifiziert und gefördert werden sollten. Hierbei wurde eine Menge neuer Erkenntnisse über kreative Prozesse gewonnen und die Grundlagen für die moderne, sich stetig weiterentwickelnde Kreativitätsforschung gelegt. In nur wenigen Jahrzehnten ist das Forschungsgebiet immer mehr zu einem komplexen Gebilde geworden, wobei innerhalb unterschiedlicher Forschungsrichtungen zahlreiche uneinheitliche Definitionen von Kreativität existieren.

Die Psychologin und Kreativitätsforscherin **Amabile** kommt nach einer Metaanalyse bestehender Studien zu der Erkenntnis, dass es keine einheitliche Definition von Kreativität geben kann. Aus dieser Einsicht heraus schafft sie eine Definition von Kreativität, die auf einer Übereinstimmung von subjektiven Einschätzungen fachkundiger Beurteiler beruht:

> „A product or response is creative to the extent that appropriate observers independently agree it is creative. Appropriate observers are those familiar with the domain in which the product was created or the response articulated. Thus, creativity can be regarded as the quality of products or responses judged to be creative by appropriate observers, and it can also be regarded as the process by which something so judged is produced."
>
> Amabile (1996)

Die Definition basiert auf der Erkenntnis, dass fachkundige Beobachter eindeutig in der Lage sind, eine Leistung übereinstimmend als kreativ zu bewerten. Werden sie jedoch einzeln zur Spezifizierung von Kreativität befragt, hat jedes Individuum eine eigene Auffassung, sodass eine eindeutige Charakterisierung und einheitliche Definition nicht möglich sind. Aufbauend auf ihrer Definition entwickelt Amabile eine konkrete, auf den subjektiven Urteilen einer Jury basierende Methode zur Messung von Kreativität – die **Consensual Assessment Technique** (CAT).

Diese Methode wurde zur Beurteilung der Kreativität der beim mi-adidas-Ideenwettbewerb eingesandten Beiträge angewandt. Um die CAT-Methode erfolgreich einsetzen zu können, müssen insgesamt elf Anforderungen erfüllt werden:

1. So bestehen die grundlegenden Anforderungen darin, die Kreativitätsaufgabe so zu gestalteten, dass ein **eindeutig interpretierbares Ergebnis** erzeugt wird, das der Jury zur Bewertung überlassen werden kann.

2. Auch sollten, um die Aufgabe rein funktional zu bewältigen, **keine besonderen Fähigkeiten** bei den Kunden, wie beispielsweise besondere Computerkenntnisse, vorausgesetzt werden.

3. Schließlich sollte die Aufgabe so gestaltet sein, dass ein **Höchstmaß an freier Ideenentfaltung** möglich ist. Hierzu ist zu bemerken, dass es sich bei den Freitexteingaben beim mi- adidas-Ideenwettbewerb um eindeutig interpretierbare Ergebnisse handelt, wobei der freien Ideenentfaltung keinerlei Grenzen gesetzt waren. Auch wurde die Interaktionsplattform so gestaltet, dass keine Vorkenntnisse zur Bearbeitung der Aufgaben nötig waren.

Neben diesen grundlegenden Bedingungen werden auch mehrere Anforderungen an die bewertende Jury gestellt.

4. So soll es sich bei den Jurymitgliedern um echte **Experten** handeln, die eine hohe Vertrautheit mit dem Untersuchungsgebiet aufweisen.
5. Bezüglich der Größe des Bewertungsgremiums zeigt eine Analyse der auf der Consensual Assessment Technique basierenden Untersuchungen, dass die Anzahl zwischen **drei und zehn Experten** variieren kann. Gemäß diesen Anforderungen und Beobachtungen wurde eine fünfköpfige Jury, bestehend aus den mi adidas-Verantwortlichen, zusammengestellt.

Die weiteren Anforderungen beziehen sich auf die Durchführung des Bewertungsprozesses, was an der konkreten Umsetzung im mi adidas-Projekt aufgezeigt werden soll:

Zu Beginn des Workshops versammelten sich alle Jurymitglieder in einem Raum, wobei jedem Experten ein Ordner mit den 82 Beiträgen, die in voller Länge auf je einer Seite abgedruckt waren, überreicht wurde.

6. Hierbei wurde die Forderung nach einer **zufälligen Reihenfolge** der Beurteilungen dadurch erfüllt, dass die Seiten in den Ordnern vor dem Einheften mehrfach durchmischt worden waren. Neben dem Abdruck des Beitrags befanden sich auf jeder Seite noch die Bewertungsskalen der vier Beurteilungsdimensionen.
7. Innerhalb der Anfangsbesprechung bekamen die Jurymitglieder die Anweisung, alle Beiträge anhand der Dimensionen **Originalität, Kundennutzen, Anzahl der Nutznießer** sowie **Ausarbeitungsgrad** zu beurteilen.
8. Den Juroren wurde mitgeteilt, dass die Bewertung der Beiträge auf **subjektive Art und Weise** allein auf Basis ihrer persönlichen Auffassung der Beurteilungsdimensionen erfolgen solle, weshalb es dazu auch keine weiteren Erklärungen oder vereinheitlichende Definitionen gab.
9. Darüber hinaus wurden die Mitglieder der Jury gebeten, **keine Absprachen bezüglich der Bewertungen zu treffen**, was überdies dadurch garantiert wurde, dass die Evaluierungen von jedem Juror im Anschluss an die Anfangsbesprechung in einem separaten Zimmer vorgenommen wurden.

Die Experten wurden angewiesen, im ersten Schritt alle Beiträge gründlich zu lesen, ohne Einträge in die Bewertungskategorien vorzunehmen. Im zweiten Schritt sollten sie alle Beiträge bezüglich Kreativität in Relation zueinander abwägen und in eine grobe Reihenfolge bringen. Erst im letzten Schritt sollte auf einer siebenstufigen Skala eine Bewertung der Beurteilungsdimensionen erfolgen. Hierzu wurde den Juroren mitgeteilt, dass der Endwert sechs eine sehr starke Ausprägung, der Anfangswert null hingegen eine sehr geringe bzw. keine Ausprägung der Beurteilungsdimension darstellt. Erneut wurde darauf hingewiesen, dass diese Ausprägungsbewertung, ebenso wie die Beurteilungsdimensionen, nicht weiter erläutert werden würden.

10. Hierdurch sollte gewährleistet werden, dass die subjektiven Einschätzungen der Juroren nicht durch **beeinflussende Handlungsanweisungen** gestört werden.

Die Werte der vier Bewertungskategorien (Originalität, Kundennutzen, Anzahl der Nutznießer sowie Ausarbeitungsgrad) sollten anschließend zu einem Leistungsscore addiert und die Beiträge in absteigender Reihenfolge gemäß dieser Kennzahl sortiert werden. Damit war der Bewertungsprozess für die Jury beendet, und die Auswertung konnte beginnen.

11. Die elfte und letzte Anforderung bezieht sich auf die **Bestimmung der Beurteilerübereinstimmung**. Grundsätzlich werden hierbei die Bewertungen der einzelnen Jurymitglieder mit statistischen Verfahren verglichen, um festzustellen, ob die Beurteilungen auf Übereinstimmung beruhen und somit reliabel sind. Die Kennzahl hierfür stellt der Korrelationskoeffizient ICC dar. Vereinfachend kann festgestellt werden, dass bei ICC-Werten, die über 0,7 liegen, von einer guten Beurteilerübereinstimmung gesprochen werden kann. Bei der Auswertung der Evaluierungen der mi adidas-Jurymitglieder zeigte sich, dass alle Bewertungsdimensionen Werte oberhalb dieser Grenze aufwiesen:

Dimension	Originalität	Kundennutzen	Anzahl der Nutznießer	Ausarbeitungsgrad
ICC	0,81	0,79	0,74	0,80

Abbildung 17: Korrelationskoeffizienten der einzelnen Dimensionen

Sowohl bei der Gestaltung der mi adidas-Interaktionsplattform als auch bei der Zusammensetzung der Expertenjury und bei der Durchführung des Evaluierungsverfahrens, einschließlich Überprüfung der Beurteilerübereinstimmung, wurde darauf geachtet, dass alle Anforderungen, die bei Anwendung der Consensual Assessment Technique zu berücksichtigen sind, eingehalten wurden. Folgende Abbildung gibt eine zusammenfassende Übersicht der Anforderungen und ihre entsprechenden Berücksichtigungen beim mi adidas-Ideenbewertungsprozess:

Anforderung	Umsetzung
01. Eindeutig interpretierbares Ergebnis	Schriftlicher Text
02. Keine besonderen Fähigkeiten nötig	Hohe Benutzerfreundlichkeit der Interaktionsplattform
03. Höchstmaß an freier Ideenentfaltung	Offener Lösungsraum beim Ideenwettbewerb
04. Juroren mit hoher Vertrautheit	mi adidas-Experten
05. Anzahl der Juroren zwischen drei und zehn	Fünfköpfige Jury
06. Zufällige Reihenfolge der Bewertungen	Durchmischen der Ideenabdrucke
07. Verschiedene Bewertungsdimensionen	Nützlichkeit = Kundennutzen + Anzahl der Nutznießer
08. Subjektive Bewertungen	Keine Erklärung und Definition der Dimensionen
09. Keine Absprache bzgl. Bewertungen	Separate Räume
10. Keine beeinflussenden Handlungsanweisungen	Keine weiteren Anweisungen zum Vorgehen
11. Mindestniveau für Beurteilerreliabilität	Alle ICCs > 0.7

Abbildung 18: Anforderungen der Consensual Assessment Technique

Ziel des Ideenbewertungsprozesses war es, die Kunden gemäß ihrer Kreativitätsleistung in eine Reihenfolge zu bringen. Hierzu wurden zunächst die einzelnen Leistungsscores der fünf Juroren zu einem Gesamtscore für jeden Beitrag addiert. Aufgrund der Tatsache, dass fünf Experten bei vier Dimensionen Werte zwischen null und sechs verteilt hatten, ergab sich ein Maximalscore von 120 (= 5 Experten × 4 Bewertungsdimensionen × 6 max. Punkte) und ein Minimalscore von null. Auf Basis dieser Gesamtscores konnten alle 82 Beiträge in eine Reihenfolge gebracht werden. Da einige Teilnehmer mehrere Ideen eingesandt hatten, wurde beschlossen, jeweils nur den Beitrag mit dem höchsten Score zu verwenden, da dies der für die Untersuchung relevanten Maximalleistung des Kunden entsprach. So wurden die 57 Teilnehmer des mi adidas-Ideenwettbewerbs gemäß ihrer Kreativitätsleistung in eine finale Reihenfolge gebracht. Die Auswertung ergab einen Maximalscore von 107 und einen Minimalscore von 51.

Zur Verdeutlichung wurden alle Einzelscores in Gruppen eingeteilt. Die Einteilung erfolgte in Fünferschritten, sodass zwölf Gruppen von 50-54 bis 105-109 entstanden. Es zeigte sich, dass die Scoreverteilung einer Normalverteilungskurve folgte. Anhand dieser Verteilung konnte eine übergeordnete Einteilung aller Beiträge in die Kategorien Kommentare, Verbesserungsvorschläge und neue Ideen vorgenommen werden. Es wurde festgelegt, die fünf von sehr geringer Kreativität geprägten Beiträge unterhalb der Scoremarke von 65 als Kommentare, die 46 Beiträge mit Leistungsscores zwischen 65 und 100 als Verbesserungsvorschläge und die sechs Beiträge über der Scoremarke von 100 als neue Ideen zu bezeichnen. Die folgende Abbildung zeigt diese Kategorisierung anhand der Normalverteilungskurve:

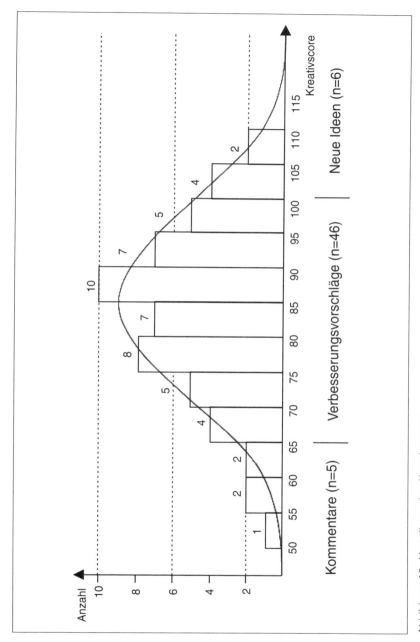

Abbildung 19: Verteilung des Kreativscores

Die Frage, ob die eingesandten Beiträge als kreativ zu bezeichnen sind, kann mit „ja" beantwortet werden. Es zeigte sich, dass die Mehrheit der Beiträge (80 Prozent) konkrete Verbesserungsvorschläge darstellen und dass es sich bei 10 Prozent der Einsendungen um völlig neue Ideen handelt. Grundsätzlich stellt ein internetbasierter Ideenwettbewerb somit eine äußerst viel versprechende Möglichkeit zur Sammlung kreativer Kundenbeiträge in der frühen Phase des Innovationsprozesses dar.

Die Beteiligungsquote am Ideenwettbewerb („Machen die Kunden mit?") kann mit 7,4 Prozent als befriedigend bezeichnet werden. Ziel der parallel durchgeführten Fragebogenaktion war es, die Motive und Eigenschaften der Kunden zu untersuchen, um so aufschlussreiche Informationen über das Teilnahme- und Leistungsverhalten zu bekommen. Mithilfe dieser Informationen sollte es möglich sein, konkrete Verbesserungsvorschläge für den gesamten Kundenintegrationsprozess (Interaktionsplattform, organisatorische Verankerung, Personaleinsatz, Werbemaßnahmen etc.) zu entwickeln, um einerseits die Teilnahme attraktiver zu machen, also die Beteiligungsquote zu steigern, und andererseits das Kreativitätsniveau der Beiträge noch weiter zu erhöhen.

1.3.3 Motive und Eigenschaften

Nachdem das Teilnahme- und Leistungsverhalten der Kunden bewertet worden ist, stellt sich die Frage nach den Ursachen für dieses Verhalten. Grundsätzlich kann das menschliche Verhalten auf die Motive und Eigenschaften einer Person zurückgeführt werden. Aus diesem Grund wurden innerhalb der Fragekampagnen diese *inneren Merkmale* erfasst. Ziel war es, potenzielle Zusammenhänge mit dem Kundenverhalten festzustellen und darauf aufbauend Maßnahmen für zukünftige Aktionen zu entwickeln. Zunächst soll der Konzepttransfer aus dem Gebiet der Kundeninnovationsforschung dargestellt werden, der die Grundlage der Untersuchungen darstellt.

Konzepttransfer

Bei dem innerhalb des Projekts durchgeführten internetbasierten Ideenwettbewerb handelt es sich um eine **aktive** Methode der **Kundenintegration**. Anders als bei der Form der **reaktiven Kundenintegration** geht hierbei die Initiative für die Innovationsleistung nicht vom Kunden selbst, sondern vom Unternehmen aus. Grundsätzlich basieren beide Formen der Kundenintegration auf den Bestrebungen eines Unternehmens, sich das innovative Wissen der Kunden nutzbar zu machen. Jedoch unterscheiden sich die Vorgehensweisen, wie der Zugang zum Kundenwissen erlangt wird, grundsätzlich. So steht bei der aktiven Kundenintegration eine vom Unternehmen installierte Interaktionsplattform im Mittelpunkt, mithilfe derer ein kollaboratives Innovieren möglich ist, während bei der reaktiven Kundenintegration die Strategie des Unternehmens darin besteht, bereits bestehende Kundeninnovationen aufzuspüren und zu adaptieren.

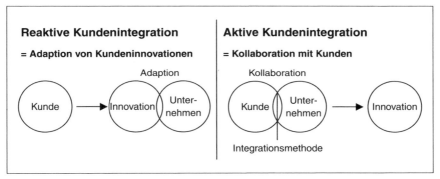

Abbildung 20: Gegenüberstellung von aktiver und reaktiver Kundenintegration

Gerade im Sportbereich gibt es zahlreiche Beispiele von Kundeninnovationen. So geht die Erfindung des Skate- und des Snowboards auf einzelne Sportler bzw. Gruppen von Sportlern zurück. Aufmerksame Unternehmen spüren solche Kundeninnovationen auf, adaptieren sie und beginnen mit der Kommerzialisierung (= *reaktive Kundenintegration*).

Der Bereich der Kundeninnovation, zu dem die Lead User- und die Open Source-Software-Forschung gehören, kann als umfangreich erforscht bezeichnet werden. Im Bereich der für dieses Buch relevanten aktiven Kundenintegration finden sich jedoch aufgrund der relativen Neuheit der Thematik nur wenige Untersuchungen. Um die Motive und Eigenschaften der Kunden, die beim mi adidas-und-ich-Projekt teilgenommen haben, dennoch untersuchen zu können, findet ein Transfer von Konzepten aus der verwandten Kundeninnovationsforschung auf die (aktive) Kundenintegrationsforschung statt.

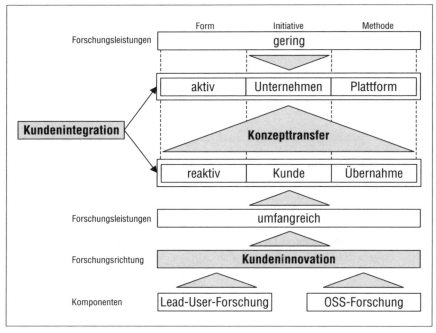

Abbildung 21: Konzepttransfer

Hierzu ist zu bemerken, dass im Bereich der Lead-User-Forschung vor allem die Eigenschaften der „Leitkunden" behandelt werden, während innerhalb der Open Source Software (OSS) Forschung überwiegend die Motivationsaspekte untersucht werden.

Lead User

Die Lead-User-Forschung entstammt der Suche nach dem Ursprung erfolgreicher Innovationen. Zahlreiche Untersuchungen im Investitionsgüterbereich ergaben, dass in vielen Fällen nicht die Hersteller, sondern besonders Kunden die Initiatoren neuer Produkte und Prozesse waren. So konnte **von Hippel** im Bereich von wissenschaftlichen Instrumenten bereits 1976 nachweisen, dass über 80 Prozent der Innovationen von Kundenunternehmen entwickelt wurden. Ähnliche Ergebnisse fanden sich wenig später für Prozessinnovationen innerhalb der Halbleiterbranche. Zahlreiche weitere Untersuchungen haben gezeigt, dass diese besonderen Kunden, die so genannten Lead User, auch im Konsumgüterbereich existieren und für zahlreiche der erfolgreichsten Innovationen verantwortlich sind. Grundsätzlich zeichnen sich Lead User durch zwei Merkmale aus:

> **Lead User** haben früher als die Mehrheit eines Zielmarktes ein persönliches Bedürfnis nach marktfähigen Innovationen, wobei sie einen hohen persönlichen Nutzen aus diesen Neuentwicklungen ziehen.

Bei den bereits erwähnten Kundeninnovationen im Sportbereich stellen die Erfinder also echte Lead User dar, die früher als andere Personen ein persönliches Bedürfnis nach einer Neuentwicklung in ihrem Tätigkeitsfeld haben und davon auch persönlich profitieren. Im Falle des Kitesurfens handelte es sich um enthusiastische Surfer, die aus Unzufriedenheit mit den bestehenden Möglichkeiten (= *unerfülltes Bedürfnis*) einen Drachen statt eines Segels einsetzten, um somit noch mehr Spaß beim Surfen zu haben (= *persönlicher Nutzen*). Neben diesen grundlegenden Motivationsaspekten zeigen zahlreiche Studien, dass Lead User vor allem im Konsumgüterbereich besondere Eigenschaften aufweisen. Allgemein lassen sich diese Eigenschaften in die drei Kategorien Produktwissen & Produkterfahrung, Persönlichkeitsfaktoren und Involvement einteilen:

Produktwissen & Produkterfahrung

Lead User unterscheiden sich von „normalen" Kunden durch größeres Produktwissen und größere Produkterfahrung:

- ▶ **Produktwissen** besteht aus anwendungsunabhängigen Kenntnissen über ein Gut. Es umfasst vor allem das Wissen um die Funktions- und Wirkstruktur eines Gutes. Eine Person mit Produktwissen versteht, wie das Produkt physisch aufgebaut ist und wie die einzelnen Produktkomponenten zusammenwirken.

- ▶ **Produkterfahrung** wird auch als Anwendungswissen oder Erfahrungswissen bezeichnet, womit alle praktischen Erfahrungen, die eine Person durch die intensive Nutzung mit einem Produkt gemacht hat, gemeint sind.

Persönlichkeitsfaktoren

Untersuchungen zeigten, dass Lead User besonders neugierige Menschen sind und die Wesenszüge von Trend- und Meinungsführern aufweisen:

- ► In der Entwicklungspsychologie wird seit den 1940er Jahren **Neugier** als zentrale Erklärung für die geistige Entwicklung eines Menschen herangezogen. Moderne Entwicklungstheorien betrachten Neugier als wichtige Charakteristik von Individuen hinsichtlich einer Auseinandersetzung mit der Umwelt. Grundsätzlich kann gesagt werden, dass Menschen mit ausgeprägter Neugier neue Reize oder Situationen stärker bevorzugen, sich ihnen häufiger, rascher und intensiver zuwenden und ausdauernder bei der Suche nach Informationen sind als weniger neugierige Menschen.

- ► **Trendführer** verspüren früher als andere Personen den Bedarf an neuen Leistungen, was sich unter anderem daran zeigt, dass sie bei Neuerscheinungen zu den ersten Käufern gehören bzw. selbstständig innovativ werden (siehe Abbildung 22, Seite 69).

- ► **Meinungsführer** zeichnen sich durch ein reges Kommunikationsverhalten aus und besitzen eine zentrale Position innerhalb eines sozialen Netzwerks, wodurch sie wichtige Orientierungshilfen für die anderen Mitglieder der Gemeinschaft darstellen. Sie leisten einen maßgeblichen Beitrag zur Diffusion von Neuentwicklungen und können durch ihr Empfehlen bzw. Abraten über den Erfolg bzw. Misserfolg einer Innovation entscheiden.

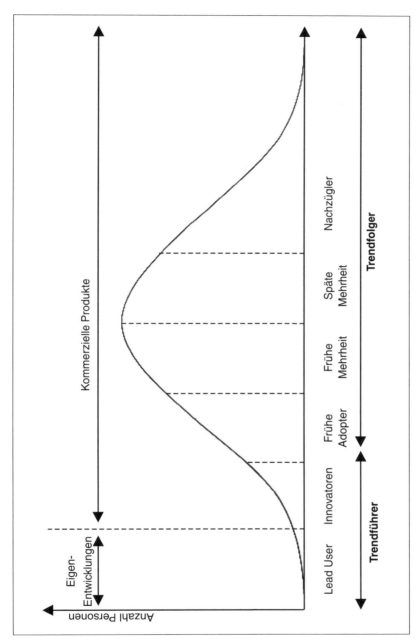

Abbildung 22: Trendführer im Produktlebenszyklus

Involvement

Auch hat sich gezeigt, dass Lead User ein besonderes Involvement bezüglich des Tätigkeitsfeldes, in dem sie selbstständig innovativ werden, aufweisen. Grundsätzlich handelt es sich bei Involvement um den Grad der persönlichen Wichtigkeit und des persönlichen Interesses, das man einer Sache entgegenbringt.

Beispiel Lead User

Ein Industriedesign-Student und begeisterter Snowboarder (= Involvement) war mit den auf dem Markt angebotenen Snowboard-Rucksäcken schon lange unzufrieden. Für ambitionierte Fahrer empfiehlt es sich, einen Rückenprotektor und eine Lawinenschaufel mitzuführen, die zusätzlich unter bzw. am Rucksack angebracht werden müssen, was allerdings Platz verschwendet und die Bewegungsfreiheit einschränkt. Um an interessante Strecken abseits der Pisten zu gelangen, muss das Snowboard oftmals längere Strecken getragen werden – eine einfache Justierung des Bretts am Rücken würde auch hier zum Komfort des Fahrers beitragen, war jedoch bei den handelsüblichen Rucksäcken nicht vorgesehen. Der Student war neugierig, ob es ihm gelingen würde, eine Lösung für dieses Problem zu finden (= Neugier). So entwarf er, aufbauend auf seinem Wissen und seinen Erfahrungen im Industriedesign, einen Hartschalenrucksack, der neben genügend Stauraum einen integrierten Protektor und eine Befestigungsschiene für das Snowboard aufwies und dessen Öffnungsklappe mit wenigen Handgriffen in eine funktionstüchtige Lawinenschaufel umgewandelt werden konnte. Seine Entwürfe stellte er einer Online-Community für Snowboarder, innerhalb derer er seit Jahren aktiv und mittlerweile sehr anerkannt war (=Meinungsführerschaft), zur Diskussion, erntete viel Zustimmung, woraufhin er die Verbesserungsvorschläge ausarbeitete und einen ersten Prototyp baute (=Trendführerschaft). Mit diesem funktionsfähigen Modell wandte er sich an mehrere Rucksack- und Snowboard-Hersteller, die zu den Marktführern der Branche zählten, um über eine gemeinsame Realisierung zu verhandeln. Die Produktmanager rieten jedoch, in Anbetracht fraglicher Absatzchancen, von einer Weiterentwicklung ab. Als Konsequenz gründete der Student eine eigene Firma und ließ eine erste Kleinserie der Rucksäcke in Asien fertigen. Der Verkauf wurde auf mehreren Online-Communities für Snowboarder angekündigt mit dem Erfolg, dass innerhalb von nur wenigen Tagen alle Rucksäcke der ersten Serie verkauft waren.

Open Source Software (OSS)

Adressieren die Untersuchungen im Lead User-Bereich vor allem die Eigenschaften der innovierenden Personen, so finden sich in der OSS-Forschung hauptsächlich Studien zu den Motivationsaspekten der Entwickler. Die Anfänge der OSS-Bewegung gehen bis in die 1950er und 1960er Jahre zurück, als Soft- und Hardware zusammen verkauft und Programmcodes für Anwendungen in Userforen frei ausgetauscht wurden. Anfang der 1980er Jahre, als eine stetige Kommerzialisierung von Software stattgefunden hatte, initiierte Richard Stallmann – zu dieser Zeit am MIT beschäftigt – das so genannte GNU-Projekt, um den Geist der Kooperation, der in den frühen Jahren der Computergemeinschaft vorgeherrscht hatte, wieder zu beleben. Er fasste seine Leitideen, die sich gegen die Entwicklung von proprietärer Software ohne Freigabe des Quellcodes richteten, im GNU-Manifest zusammen. 1985 gründete Stallman die Free Software Foundation (FSF), eine gemeinnützige Organisation, die als juristischer und finanzieller Rahmen für das GNU-Projekt gesehen werden kann. Kernstück der FSF war eine zusammen mit dem Rechtsprofessor Moglen verfasste Grundsatzschrift zur Lizenzierung freier Software, die General Public License (GPL). Die GPL sollte jedermann die folgenden vier Freiheiten als Bestandteile der Lizenz gewähren. Die Freiheit,

(1) ein Programm für jeden Zweck zu nutzen;

(2) Kopien des Programms zu verkaufen oder kostenlos zu verteilen, wobei der Quellcode mitverteilt oder dem Empfänger des Programms auf Anfrage zur Verfügung gestellt werden muss;

(3) ein Programm den eigenen Bedürfnissen entsprechend zu ändern;

(4) auch nach (3) veränderte Versionen des Programms unter den Regeln von (2) zu vertreiben, wobei der Quellcode wiederum mitverteilt oder dem Empfänger des Programms auf Anfrage zur Verfügung gestellt werden muss.

Erklärtes Ziel war es, innerhalb der GNU-Gemeinschaft eine den GPL-Regeln entsprechende Alternative zum damals dominierenden (proprietären) Betriebssystem UNIX zu entwickeln. Im Jahr 1990 hatte das GNU-Betriebssystem alles, was ein Unix-System ausmachte, jedoch stellte sich die Programmierung eines Betriebssystemkerns (Kernel) als so schwierig heraus, dass beschlossen wurde, einen vom finnischen Informatikstudenten **Linus Torvalds** entwickelten und online zur Verfügung gestellten Kernel vorübergehend (!) zu verwenden.

Die Verbindung mit diesem Kernel erwies sich jedoch als sehr erfolgreich, und so entstand im Jahr 1992 das freie Betriebssystem GNU/Linux. **Perens** und **Raymond** gründeten 1998 die Open Source Software-Bewegung, die grundsätzlich auf den Regeln der FSF beruht, jedoch ein stärker praxisorientiertes Lizenzierungsverfahren und weiter führende Vermarktungsmöglichkeiten im Vergleich zu den von **Stallman** aufgestellten strengen Prinzipien aufweist.

Linux kann sicherlich als bekannteste Entwicklung der OSS-Bewegung gesehen werden, doch listet die zentrale Website der OSS-Entwicklergemeinschaft **SourceForge.net** über 100 000 OSS-Projekte auf. Darunter befinden sich so bekannte Softwareentwicklungen wie Sendmail, das für das Routing von über 80 Prozent des weltweiten E-Mail-Verkehrs genutzt wird, sowie die Webserver-Software Apache, deren Entwicklungsgeschichte im folgenden Beispiel näher betrachtet werden soll.

Beispiel Apache

Anfang der 1990er Jahre studierte Rob McCool Informatik an der Universität von Illinois und arbeitete nebenbei am „National Center for Supercomputing Applications (NCSA)". Am NCSA wurde zu dieser Zeit an der Entwicklung eines grafischen Webbrowsers (NCSA Mosaic) und an einem Webserver (NCSA HTTP) gearbeitet. Rob McCool beschäftigte sich damit, Unzulänglichkeiten der entwickelten Webserver-Software durch eigene Programmcodes, so genannte Patches, zu verbessern. Er stellte seine Codes zum öffentlichen Download ins Internet, um mit Gleichgesinnten Erfahrungen auszutauschen und die eigene Arbeit zu verbessern. In kurzer Zeit entstand eine Gemeinschaft von engagierten Entwicklern innerhalb und außerhalb des NCSA, wobei sich die Softwarelösung stetig weiter entwickelte. Als Rob McCool 1994 die NCSA verließ, beschlossen einige beteiligte Webmaster, die die Serversoftware bereits erfolgreich benutzten, die Entwicklung fortzusetzen. Eine Kerngruppe von acht Personen sammelte alle im Laufe der Zeit entstandenen Patches, machte sich an die Fehlerbeseitigung und erarbeitete so eine erste konsolidierte Lösung, die nach umfangreichem Feedback von anderen Nutzern am 1. Dezember 1995 als Apache 1.0 veröffentlicht wurde. Der Name „Apache" leitet sich von „a patchy server" („zusammengeflickter Server") ab. Nach weiteren vier Jahren, in denen zahlreiche Modifikationen und Verbesserungen durch die mittlerweile stark angewachsene Entwicklergemeinschaft durchgeführt worden waren, verdrängte Apache Microsofts Webserver „Internet Information Services (IIS)" von Platz eins der meist genutzten Serverlösungen. Welt-

weit werden gegenwärtig über 60 Prozent aller Webserver mit Apache betrieben und die Entwickler-Community ist auf mehrere tausend Freiwillige angewachsen.

> **Open Source Software**-Entwicklungen können als Kundeninnovationen par excellence angesehen werden: Anwender initiieren gemeinschaftlich Entwicklungsprozesse, schaffen eine Plattform für kollaborative Interaktion, führen Forschungs- und Entwicklungsaktivitäten durch, erstellen und testen Prototypen, beseitigen Fehler, bemühen sich um Marketing und Distribution und kümmern sich um die Kundenbetreuung.

Grundsätzlich werden die Entwickler für ihre Aktivitäten jedoch nicht finanziell entschädigt. Was sind also die wesentlichen Motive dieser Personen? Eine Vielzahl von Studien zeigt, dass es neben der monetären Kompensation zahlreiche andere Motive gibt, die die OSS-Entwickler zu ihren Leistungen antreiben. Aufgrund der vermuteten Verwandtschaft von Kundeninnovation und (aktiver) Kundenintegration wurden diese Motive, die sich in die Hauptgruppen Nutz-, Hedonismus- und Normmotive unterteilen lassen, ebenfalls im mi adidas-und-ich-Projekt abgefragt und sollen nun weiter gehend beschrieben werden:

Nutzmotive

Nutzmotive können durchwegs als extrinsische (von außen kommende) Beweggründe gesehen werden. Hierzu zählt das bereits bei den Lead-User-Ausführungen genannte Einzelmotiv unerfülltes **Bedürfnis**. Der Gewinn der beim Ideenwettbewerb ausgeschriebenen **Vergütung** (Preise) stellt ein weiteres Nutzmotiv dar. Darüber hinaus findet sich im OSS-Bereich noch das Motiv **Selbstmarketing**. Personen beteiligen sich deshalb freiwillig an unbezahlten Software-Entwicklungen, da sie hoffen, sich durch ihr Engagement einen gewissen Ruf aufzubauen und somit mit kommerziellen Anbietern in Kontakt zu treten bzw. angeheuert zu werden. Auf den mi adidas-Ideenwettbewerb ist dieses Motiv übertragbar, da Teilnehmer ebenfalls hoffen können, wegen ihrer Beiträge von adidas weitergehend angesprochen zu werden.

Hedonismusmotive

Hedonismusmotive sind intrinsische (von innen kommende) Beweggründe, wie beispielsweise **Spaß**, intellektuelle **Stimulation** durch die Aufgabe und **Stolz** auf die selbst vollbrachte Eigenleistung.

Normmotive

Normmotive beziehen sich auf soziale Aspekte innerhalb einer Gemeinschaft. Tatsächlich war das mi adidas-und-ich-Projekt mit zahlreichen Community-Funktionalitäten, wie beispielsweise das gegenseitige Bewerten der Beiträge anderer Teilnehmer, angereichert, sodass solche Sozialmotive ebenfalls eine Rolle für das Kundenverhalten gespielt haben könnten. Innerhalb der Normmotive finden sich intrinsische und extrinsische Einzelmotive. So könnte **Altruismus** – also die intrinsische Motivation zum uneigennützigen und selbstlosen Helfen – eine Rolle spielen, beispielsweise, weil der Teilnehmer helfen möchte, das Leistungsangebot von adidas zu verbessern oder da er Entwicklungsprojekte und Innovationen im Allgemeinen unterstützt. Daneben gibt es das extrinsische Normmotiv **Anerkennung**, das darauf abzielt, dass der teilnehmende Kunde hofft, von den adidas-Verantwortlichen oder den anderen Kunden ein anerkennendes Feedback zu bekommen. Schließlich könnte das Motiv **Identifikation** in Betracht kommen, setzen sich doch Menschen für eine Sache, mit der sie sich identifizieren, stark ein. So kann die Identifikation mit adidas oder im Speziellen mit mi adidas ein weiterer Beweggrund für das Teilnahme- und Leistungsverhalten der Kunden sein.

1.3.4 Ergebnis

Im Folgenden sollen zuerst die Motive und Eigenschaften, die für das Teilnahmeverhalten verantwortlich waren – also die Ursache, warum sich nur ein Teil der eingeladenen Kunden am Ideenwettbewerb beteiligten – dargestellt werden. Anschließend sollen die für das Leistungsverhalten der Teilnehmer am Ideenwettbewerb relevanten Motive und Eigenschaften – also die Ursache, warum manche Teilnehmer einen höheren Kreativscore erreichten als andere – ebenfalls beschrieben werden.

Teilnahmeverhalten

Zur Klärung des unterschiedlichen Teilnahmeverhaltens wurden im ersten Schritt die Eigenschaften und Motive der beiden Gruppen (57 Teilnehmer am Ideenwettbewerb vs. 79 Nicht-Teilnehmer) untersucht. Es zeigte sich, dass es tatsächlich einige Motive und Eigenschaften gibt, hinsichtlich derer signifikante Unterschiede zwischen den beiden Gruppen bestehen. So zeichnen sich Teilnehmer am Ideenwettbewerb dadurch aus, dass sie ein besonders hohes **Involvement** bzgl. des mi adidas-Kaufprozesses aufweisen, ihn also besonders interessant und erlebnisreich fanden. Auch sind die Teilnehmer am Ideenwettbewerb besonders neugierig, verfügen über die Merkmale von Meinungsführern und weisen ein höheres Maß an **Wissen** und **Erfahrung** mit Kaufprozessen auf als die Nicht-Teilnehmer.

Es zeigte sich, dass die **Identifikation** mit der Marke adidas bzw. mit mi adidas den stärksten Einfluss auf das Teilnahmeverhalten aufweist. Die Teilnehmer können somit als echte Anhänger der Marke bezeichnet werden. Darüber hinaus wurden die Kunden durch den Wunsch, mit adidas in Kontakt zu treten, zur Teilnahme bewegt (= *Selbstmarketing*). Auch machte den Teilnehmern das Einsenden von kreativen Beiträgen großen **Spaß** (= *Hedonismus*). Interessanterweise gab es keine signifikanten Unterschiede beim Motiv **Vergütung**. Sowohl Teilnehmer als auch Nicht-Teilnehmer hatten in etwa das gleiche Interesse, einen der Preise zu gewinnen. Anders verhielt es sich mit dem Motiv **Anerkennung**. Den Teilnehmern am Wettbewerb war das Feedback der adidas-Verantwortlichen bzw. der anderen Kunden sehr wichtig. **Altruismus** war bei beiden Gruppen gleich (gering) ausgeprägt.

Teilnahmeverhalten	
Untersuchungsgruppen	
Kundengruppe: Teilnehmer am Ideenwettbewerb vs.	Kundengruppe: Nicht-Teilnehmer am Ideenwettbewerb
Untersuchungsobjekt	
Unterschiede der Kundengruppen bezüglich Eigenschaften und Motive	
Ergebnisse	
Eigenschaften	**Motive**
Signifikanter Unterschied	**Signifikanter Unterschied**
Involvement Neugier Wissen Meinungsführerschaft Erfahrung	Identifikation Selbstmarketing Anerkennung Hedonismus
Kein Unterschied	**Kein Unterschied**
Trendführerschaft	Vergütung Altruismus

Abbildung 23: Signifikante Motive und Eigenschaften beim Teilnahmeverhalten

Leistungsverhalten

Die 57 teilnehmenden Kunden zeigten ein unterschiedliches Leistungsverhalten. So reichten die eingesandten Beiträge von hoch kreativ (= neue Idee) bis wenig kreativ (= Kommentar). Das Maß der Kreativität stellt der von der Expertenjury ermittelte Kreativscore dar. Gegenstand der Untersuchung war die Frage, ob es einen signifikanten Zusammenhang zwischen dem Leistungsverhalten – quantifiziert durch den Kreativscore – und den individuellen Eigenschaften und Motiven der Teilnehmer gibt. Es zeigte sich, dass ein besonders positiver Zusammenhang zwischen dem Leistungsverhalten und der Eigenschaft **Trendführerschaft** vorliegt. Besonders kreative Personen sind also auch besondere Trendführer. Dies gilt in etwas abgeschwächter Weise auch für die Eigenschaft **Meinungsführerschaft**. Ebenfalls konnte ein positiver Zusammenhang zwischen dem **Involvement** mit dem Kaufprozess und dem Kreativscore nachgewiesen werden. Schließlich konnte auch gezeigt werden, dass Personen umso kreativer sind, je mehr **Wissen** und **Erfahrung** sie mit Kaufprozessen haben.

Bei den Motiven stellte sich heraus, dass die hoch kreativen Teilnehmer besonderen Spaß am Ideengenerieren haben (= **Hedonismus**) und sich stark mit adidas bzw. mi adidas identifizieren (= **Identifikation**). Vergütung spielt auch im Leistungsbereich keine signifikante Rolle, hingegen existiert ein positiver Zusammenhang zwischen dem Kreativscore und dem Wunsch nach **Anerkennung**. Nicht signifikant sind wiederum **Altruismus** und das Motiv **Selbstmarketing**.

Leistungsverhalten

Untersuchungsgruppe

Teilnehmer am Ideenwettbewerb

weniger kreative Teilnehmer ⟶ hoch kreative Teilnehmer

Untersuchungsobjekt

Zusammenhang der Eigenschaften und Motive mit dem Kreativscore

Ergebnisse

Eigenschaften	Motive
Signifikanter Unterschied	**Signifikanter Unterschied**
Trendführerschaft	Hedonismus
Wissen	Identifikation
Involvement	Anerkennung
Meinungsführerschaft	
Erfahrung	
Kein Unterschied	**Kein Unterschied**
Neugier	Vergütung
	Altruismus
	Selbstmarketing

Abbildung 24: Signifikante Motive und Eigenschaften beim Leistungsverhalten

Zusammenfassung

Wie beschrieben, war die Ausgangslage für die Untersuchungen zum Ideenwettbewerb unter anderem die Orientierung an den Ergebnissen der Lead-User-Forschung. Die Hochkreativen des Ideenwettbewerbs weisen zwar hinsichtlich des Motivs Bedürfnis nicht die in der Literatur beschriebene starke Ausprägung auf, jedoch stimmen die Eigenschaftsmerkmale in hohem Maße mit denen von Lead Usern überein. Grundsätzlich werden Lead User als Personen beschrieben, die in der Lage sind, radikal neue Ideen entwickeln zu können. Auch diese wurden von den hochkreativen Teilnehmern der Spitzengruppe gebracht. Nimmt man diese Beobachtungen zusammen, erscheint die Bezeichnung Lead User für die hochkreativen Teilnehmer der Spitzengruppe angebracht.

Auf Basis dieser Überlegungen kann festgestellt werden, dass ein Ideenwettbewerb zwei zentrale Funktionen aufweist:

- Sammlung von Ideen
- Identifikation von Lead Usern

Die Integration von Kunden mithilfe eines Ideenwettbewerbs kann in diesem Sinne als Vorstufe zu einer weitergehenden Kundenintegration gesehen werden, nämlich die direkte Kontaktaufnahme mit den Gewinnern und Einladung zu einem *Lead User-Workshop*, innerhalb dessen weiter gehende Ideen und Lösungskonzepte erarbeitet werden. Die zwei bekanntesten Verfahren zur Identifikation von Lead Usern stellen das Screening und das Pyramiding dar. Beim **Screening** werden geeignete Kunden mithilfe eines speziellen Fragebogens identifiziert; beim **Pyramiding** findet die Auswahl der Lead User durch Empfehlungen anderer Personen in einem Netzwerk statt. Beide Verfahren beruhen auf einer *Fremdselektion*, also auf Auswahlentscheidungen des zur Lead User Identifikation eingesetzten Teams. Beim Ideenwettbewerb findet hingegen ein doppelter Selektionsprozess statt, wobei die erste Auswahlentscheidung den Kunden selbst obliegt:

- So nimmt nur ein Teil der Personen aus der angesprochenen Grundgesamtheit am Ideenwettbewerbteil überhaupt teil (=Teilnahmeselektion). Die Personen entscheiden eigenständig über ihre Teilnahme, was somit einer **Selbstselektion** entspricht.

- Zum anderen treten aus der Menge dieser Teilnehmer nur einzelne Kunden aufgrund ihrer besonderen Leistungen hervor (= Leistungsselektion). Diese Hochkreativen werden von einem Expertengremium ausgewählt, was vergleichbar zum Screening und Pyramiding wiederum innerhalb einer **Fremdselektion** stattfindet.

Im Folgenden sind die unterschiedlichen Methoden zur Identifikation von Lead Usern dargestellt:

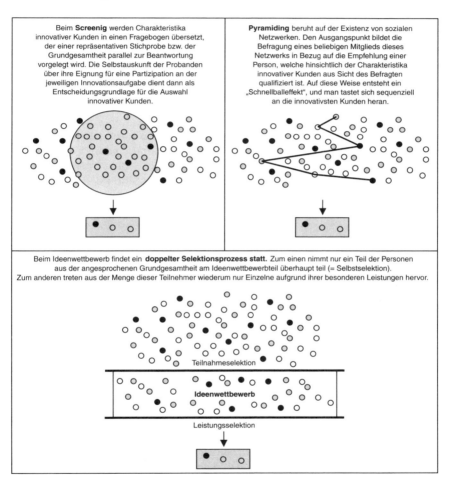

Abbildung 25: Verschiedene Methoden der Lead-User-Identifikation

Die auf dem Prinzip der Selbstselektion basierende Lead-User-Identifikation mithilfe eines Ideenwettbewerbs hat dabei zwei entscheidende Vorteile – einen **Kosten-** und einen **Qualitätsvorteil**.

Kostenvorteil

Die Identifikation von geeigneten Personen zur Durchführung eines Lead-User-Workshops durch Fremdselektion stellt ein oft zeit- und kostenintensives Unterfangen dar. So muss beim Screening eine auf den speziellen Situationskontext angepasste Fragebogenkampagne entworfen, getestet und durchgeführt werden. Beim Verfahren des Pyramiding sind umfangreiche und kostenintensive Kommunikationstätigkeiten, meist auf Basis von Telefoninterviews, vonnöten. Die Identifikation von Lead Usern durch Selbstselektion bei einem Ideenwettbewerb stellt hingegen quasi nur ein Nebenprodukt der gesamten Ideensammlungsaktion dar, wodurch keine zusätzlichen Kosten entstehen. Gerade bei der Auslegung des Ideenwettbewerbs als internetbasierte Lösung entstehen weitere positive Effekte, wie beispielsweise die Steigerung der Reichweite oder die systematische und kostenoptimale Erfassung der Kreativbeiträge in einer Datenbank.

Qualitätsvorteil

Sowohl beim Screening als auch beim Pyramiding werden im Grunde lediglich potenzielle Lead User im Vorfeld des Workshops identifiziert (= ex ante-Betrachtung). Erfolgt die Auswahl beim Screening aufgrund theoretischer Überlegungen, so werden beim Pyramiding persönliche Empfehlungen als Qualitätssurrogate herangezogen. Die tatsächliche Kreativität der ausgewählten Personen zeigt sich erst innerhalb des Lead-User-Workshops, was bei Ausbleiben von durchschlagenden Ideen zu großer Enttäuschung führen kann. Beim Ideenwettbewerb findet die Auswahl der Lead User dagegen gerade aufgrund des besonderen kreativen Leistungsvermögens statt. Werden die im Ideenwettbewerb als hoch kreativ eingestuften Personen also zu einem weiter gehenden Lead-User-Workshop eingeladen, so haben sie zumindest schon einmal einen Beweis ihrer Kreativität im Vorfeld erbracht (= *ex post-Betrachtung*).

1.4 Empfehlung

Insgesamt wurde das mi adidas-und-ich Projekt von den adidas-Entscheidern nach Auswertung der erhobenen Daten sehr positiv beurteilt. Über die Qualität der Ideen waren die Beteiligten sogar regelrecht begeistert. Da das Durchführen des Ideenwettbewerbs innerhalb des WINServ-Projekts quasi einem temporären Experiment glich, wurde darauf gedrängt, Überlegungen zur **permanenten Installation** eines „offenen Kreativkanals" anzustellen. Erkenntnisse über die Ursachen des Teilnahme- und Leistungsverhalten der Kunden, die innerhalb der Fragebogenaktion gewonnen wurden, sollten in die Planungen mit einfließen, um einerseits die Rücklaufquote und andererseits das Niveau der Kreativbeiträge noch weiter zu erhöhen.

Grundsätzlich stellt die permanente Installation einer internetbasierten Plattform zur Sammlung von kreativen Kundenideen nicht nur für adidas, sondern für die meisten Unternehmen eine Neuerung dar, weshalb die Frage der organisationellen Verankerung und Ausgestaltung von zentraler Bedeutung ist.

Betrachtet man die (in den allermeisten Unternehmen) bereits vorhandenen Managementsysteme, so können zwei Bereiche als Orientierungshilfe und Anknüpfungspunkte identifiziert werden: das **betriebliche Vorschlagswesen (BVW)** und das **Beschwerdemanagement (BM)**.

Finden sich innerhalb der Literatur zum Beschwerdemanagement umfangreiche Ausführungen hinsichtlich der professionellen Gestaltung der Kundenschnittstelle, so stellt das betriebliche Vorschlagswesen im Grunde einen permanenten unternehmensinternen Ideenwettbewerb dar, dessen Aufbau und Struktur zu analysieren weitere Hilfestellungen liefern kann. Aufgrund der großen Ähnlichkeit kann der geplante permanente Kundenideenwettbewerb als externes Vorschlagswesen bezeichnet werden.

Im Folgenden werden das betriebliche Vorschlagswesen sowie das Beschwerdemanagement, die die zentralen Orientierungsfelder für das neu zu gestaltende externe Vorschlagswesen bilden, idealtypisch beschrieben.

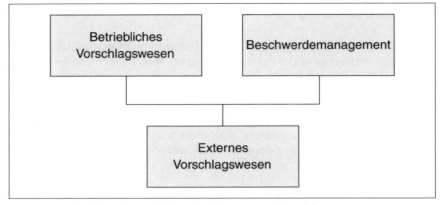

Abbildung 26: Orientierungsfelder für das externe Vorschlagswesen

1.4.1 Betriebliches Vorschlagswesen

Das betriebliche Vorschlagswesen entwickelte sich am Ende des 19. Jahrhunderts, um Mängel im komplexer werdenden Produktionsprozess auszugleichen und um die betriebliche Unfallverhütung zu verbessern. Bald nach der Einführung wurde das System um das Element einer Prämierung erweitert, um stärkere Anreize für die Teilnahme zu schaffen. Durch die Philosophie des unternehmerischen Denkens auch der Beschäftigten verbreitete sich das Vorschlagswesen in den siebziger Jahren des 20. Jahrhunderts im deutschsprachigen Raum weiter. Die Strukturen stellten sich jedoch teilweise als zu bürokratisch heraus, zudem wurde lange Zeit das Kreativitätspotenzial der Mitarbeiter und deren Kompetenz im unmittelbaren Arbeitsumfeld unterschätzt. Aus diesem Grund werden seit Mitte der neunziger Jahre modernere Methoden und Systeme eingeführt, in deren Mittelpunkt die Aktivierung der Mitarbeiterkreativität steht. Aus dem oft leicht angestaubten betrieblichen Vorschlagswesen wurde ein **modernes Ideenmanagement**. Dieser Systemwechsel in Deutschland hat sich unter dem Einfluss der japanischen Kaizen-Philosophie vollzogen. Darunter wird eine geistige Haltung verstanden, die das Prinzip der ständigen Verbesserung im Leben generell und speziell bei der Arbeit zur Leitidee hat. In einem kontinuierlichen Prozess sollen dabei alle Mitarbeiter befähigt werden, sich ständig und in Teamarbeit um Verbesserungen im täglichen Arbeitsprozess zu bemühen. Dabei sind auch kleinste Veränderungen erwünscht, da nur sie, zusammen mit weit reichenden Vorschlägen, in der Summe zur gewünschten Optimierung der Arbeit führen. Grundsätzlich ist das Ideenmanagement im Personalwesen und Qualitätsmanagement angesiedelt und umfasst die zwei Hauptkomponenten:

- betriebliches Vorschlagswesen (BVW) mit spontaner Ideenfindung und zentraler oder dezentraler Bearbeitung,
- kontinuierlicher Verbesserungsprozess (KVP) mit gelenkter Ideenfindung in moderierten Gruppen.

Das Ideenmanagement als Oberbegriff wie auch die für diese Untersuchung interessante Komponente BVW stellen gleichermaßen ein Mittel zur Innovationsförderung, Kostenersparnis aber auch Mitarbeitermotivation dar.

Zu den wichtigsten **Innovations- und Kostenzielen** des BVW gehören:

- Steigerung der Ressourceneffizienz
- Senkung des Verbrauchs
- Verbesserung der Arbeitsbedingungen
- Steigerung der Qualität
- Schonung der Umwelt
- Entwicklung neuer Produkte und Dienstleistungen

Zu den wichtigsten **mitarbeiterbezogenen Zielen** des BVW gehören:

- Verbesserung der Kommunikation
- Stärkung der Eigenverantwortung durch Mitgestaltung
- Erhöhung der Identifikation mit dem Unternehmen

Der **Ablauf eines zentral organisierten betrieblichen Vorschlagswesens** kann idealtypisch wie folgt beschrieben werden:

- Der Mitarbeiter informiert seinen Vorgesetzten über sein Vorhaben, eine Idee einzureichen und bespricht diese mit ihm.
- Der Vorgesetzte fördert und unterstützt das Vorhaben oder rät von vorneherein ab.
- Der Mitarbeiter reicht die Idee beim BVW-Beauftragten ein.
- Dieser leitet die Idee an einen Gutachter in der Fachabteilung weiter.
- Der BVW-Beauftragte erstellt ein Gutachten, das an die BVW-Kommission weitergereicht wird.

- ▶ Diese diskutiert den Beitrag, beurteilt ihn und teilt dem BVW-Beauftragten die Entscheidung mit einer schriftlichen Begründung mit.
- ▶ Im Falle einer Absage teilt der BVW-Beauftragte diese dem Mitarbeiter mit, im Falle einer positiven Entscheidung wird die Unternehmensleitung informiert.
- ▶ Die Unternehmensleitung gratuliert und prämiert einerseits den Mitarbeiter und weist andererseits die Umsetzung an den Vorgesetzten an.

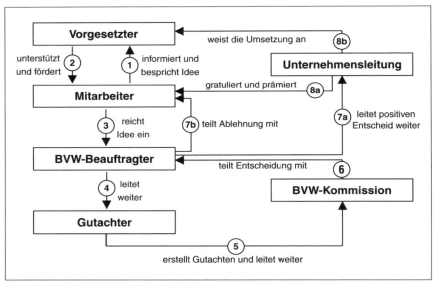

Abbildung 27: Ablauf eines betrieblichen Vorschlagswesens
(Quelle: Kummer/Genz (2001), S. 29)

1.4.2 Beschwerdemanagement

Beschwerdemanagement ist die Gesamtheit aller systematischen Maßnahmen, die ein Unternehmen bei artikulierter Unzufriedenheit des Kunden ergreift, um die Zufriedenheit des Beschwerdeführers wieder herzustellen und die gefährdete Kundenbeziehung zu stabilisieren. Das Beschwerdemanagement ist Bestandteil des **Customer Relationship Managements** (CRM), das als bereichsübergreifende unternehmerische Grundhaltung darauf ausgelegt ist, profitable Kundenbeziehungen systematisch aufzubauen und dauerhaft zu pflegen. Die Einordnung des Beschwerdemanagements in das CRM erfordert, dass das Unternehmen seine gesamten Aktivitäten in Marketing, Vertrieb und Service konsequent auf die Kundenperspektive ausrichtet.

Das Beschwerdemanagement nimmt im Rahmen des CRM-Gefüges eine wichtige Rolle im Kundenservice ein. Es steht neben Aufgabenbausteinen im Bereich der Neukunden-Beziehungspflege (Neukunden- und Kundenbindungsmanagement) und dem Umgang des Unternehmens mit verlorenen Kunden (Kündiger- und Rückgewinnungsmanagement).

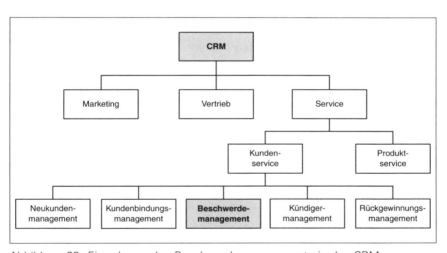

Abbildung 28: Einordnung des Beschwerdemanagements in das CRM
(Quelle: Stauss/Seidel (2004), S. 31)

Aktives Beschwerdemanagement liefert wichtige Hinweise auf Stärken und Schwächen eines Unternehmens aus Kundensicht. Da sich erfahrungsgemäß die Mehrzahl unzufriedener Kunden ohne weiteren Kontakt von einem Unternehmen abwendet, sind Beschwerden für Unternehmen eine wichtige zweite Chance, den Kunden zufrieden zu stellen. Mit Implementierung eines Beschwerdemanagements wird das Feedback der Kunden erfassbar und kann für den Lernprozess des Unternehmens nutzbar gemacht werden.

Erkenntnisse zeigen, dass erfolgreich gelöste Beschwerden eine stark emotionale Wirkung haben und das Verbundenheitsgefühl des Kunden langfristig positiv beeinflussen. Beschwerdeführer, deren Anliegen zur Zufriedenheit gelöst wurde, sind auf Dauer oft loyalere Kunden als solche, die nie Anlass zu einer Beschwerde hatten. Zu den erwiesenen positiven Auswirkungen hoher Zufriedenheit gehören die Bereitschaft zu Wiederkauf, die Entscheidung für weitere Produkte des Anbieters sowie positive Erwähnung und Empfehlung des Unternehmens im Bekanntenkreis.

Zusammengefasst ergeben sich folgende generelle **Ziele des Beschwerdemanagements:**

► Herstellung von Zufriedenheit

► Vermeidung von Kosten anderer Reaktionsformen unzufriedener Kunden

► Umsetzung und Verdeutlichung einer kundenorientierten Unternehmensstrategie

► Steigerung der Servicequalität

► Schaffung zusätzlicher akquisitorischer Effekte mittels Beeinflussung der Mundkommunikation

► Reduzierung interner und externer Fehlerkosten

► Auswertung und Nutzung der in den Beschwerden enthaltenen Informationen für Verbesserungen oder neue Produkte/Dienstleistungen

---

Gerade der letzte Punkt lässt die Anknüpfung des externen Vorschlagswesens an das Beschwerdemanagement als sinnvoll erscheinen, werden hier doch bereits Innovationsbeiträge von Kunden gesammelt.

In der Praxis stellen zunehmend so genannte **Customer Interaction Center** (CI-Center) die operative Organisationseinheit für das Beschwerdemanagement dar. Im Grunde handelt es sich bei diesen Einheiten um ausgebaute Call Center, die im Zuge einer Zentralisierung der Kommunikation sowie Integration moderner Medien alle Kommunikationskanäle zum Kunden bündeln und somit alle zentralen Funktionen des Kundenservice übernehmen. Gleichgültig, ob sich der Kunde per Brief, Fax, E-Mail oder Telefon an das Unternehmen wendet, in jedem Fall laufen die Kundenartikulationen bei einer einzigen unternehmerischen Einheit ein. Für den Kunden hat das den Vorteil, dass er sich mit all seinen Anliegen nur mit einer einzigen Stelle in Verbindung setzen muss (= one face to the customer). Für das Unternehmen besteht somit die Möglichkeit, immer über den aktuellen Stand sämtlicher Kundendaten zu verfügen und damit die Qualität der Anliegenbeantwortung zu steigern. Zudem sind aufgrund von Synergieeffekten und des hohen Professionalisierungsgrads erhebliche Kostenvorteile zu realisieren.

Der idealtypische Aufbau von CI-Center besteht aus drei Stufen:

1st Level:

Alle eingehenden (Inbound) Anrufe und Schreiben werden von den Mitarbeitern des ersten Levels entgegengenommen. Neben dem Ziel der Deeskalation können Anliegen von geringer Komplexität auf dieser Stufe bereits bearbeitet und gelöst werden. Hier finden sich auch alle Outbound-Aktivitäten, also die vom Unternehmen ausgehenden Anruf- und Mailaktionen, wie beispielsweise Kundenbefragungen oder Marketingmaßnahmen. Bei der Einstellung der Mitarbeiter dieser Stufe wird in aller Regel besonderer Wert auf ausgeprägte Fähigkeiten im Sozial- und Kommunikationsbereich gelegt. Zusätzlich werden diese Kompetenzen durch Schulungen stetig fortentwickelt.

2nd Level:

Anliegen, die die Fach- bzw. Entscheidungskompetenz des 1st Level überschreiten, können im unmittelbaren Kundenkontakt *stand by* an eine mit den entsprechenden Kompetenzen und Qualifikationen ausgestattete Mitarbeitergruppe im 2nd Level weitergeleitet werden. Die Mitarbeiter dieser zweiten Stufe weisen einen höheren Grad von Fachkompetenz auf und sind aus diesem Grund in der Lage, auch komplexere Anliegen zu bearbeiten. Gleichzeitig wird durch die Mitarbeiter der 2nd Levels die durchgängige Erreichbarkeit des 1st Levels gewährleistet, da deren Mitarbeiterressourcen nicht mit aufwändigen Recherchearbeiten gebunden werden.

Ebenfalls auf dem 2nd Level befindet sich das Back Office. Dieses Team ist traditionell für die Beantwortung der schriftlichen Kundenkorrespondenz verantwortlich. Grundsätzlich stellt das Back Office eine Einheit aus mehreren Teams mit unterschiedlichem Know-how dar, weswegen neben dem Schriftverkehr auch Anrufe mit komplexeren Fragestellungen sowohl aus dem 1st wie auch aus dem 2nd Level an diese Spezialisten weitergeleitet werden.

3rd Level

Kann das Back Office das Problem nicht lösen, ist es erforderlich, Fachabteilungen im Unternehmen in die Fallprüfung und -lösung einzubeziehen, die über detailliertes Expertenwissen verfügen. Hier ist darauf zu achten, dass diese nicht mit einer zu großen Anzahl von Kundenbeschwerden überfrachtet werden, da ansonsten die Effizienzgewinne, die durch die Einrichtung eines CI-Centers erreicht werden sollten, verloren gehen könnten. Werden die Grenzen der Belastbarkeit erreicht, sollten entsprechende Kapazitäten im Back Office aufgebaut werden.

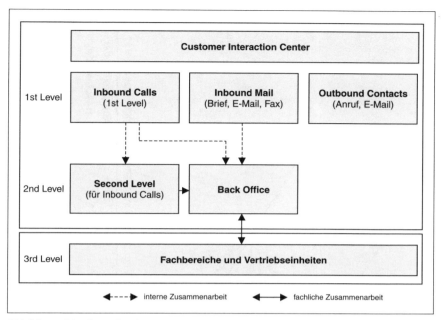

Abbildung 29: Organisationsstruktur eines Customer Interaction Centers
(Quelle: Stauss/Seidel (2004), S. 505)

Die Unterscheidung zwischen 1st, 2nd und 3rd Level impliziert mit jedem aufsteigenden Level zunehmendes Expertenwissen und Spezialistentum, das zur Bearbeitung des Kundenanliegens erforderlich ist. Es ist die generelle Zielsetzung, den 1st Level so zu gestalten, dass überwiegend Generalisten eingesetzt werden können. Insofern sind die auf dieser Ebene zu erfüllenden Aufgaben möglichst einfach zu gestalten und auf hohem Niveau zu standardisieren. Auf diese Weise soll erreicht werden, dass Mitarbeiter mit teurer Fachkompetenz von der Bearbeitung einfacher Anliegen weitgehend entlastet sind und kostengünstigere Mitarbeiterstrukturen aufgebaut werden können. Die folgende Abbildung verdeutlicht diese Zusammenhänge.

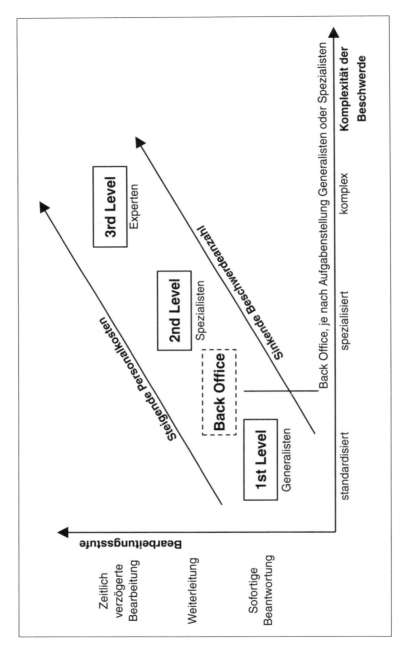

Abbildung 30: Organisationseinheiten im Customer Interaction Center (Quelle: Fichte (2001), S.34)

1.4.3 Externes Vorschlagswesen

Durch Übertragung der verschiedenen Konzepte sowohl aus dem betrieblichen Vorschlagswesen als auch aus dem Beschwerdemanagement können nun konkrete Empfehlungen für die Gestaltung des externen Vorschlagswesens gegeben werden:

Interaktionsplattform

Zur Einreichung der externen Innovationsvorschläge soll weiterhin eine internetbasierte Interaktionsplattform dienen. Die positiven Erfahrungen aus dem mi adidas-und-ich-Projekt zeigen, dass diese Art der Interaktion von den Kunden sehr gut angenommen wird, wobei die Aufgabenstellung durch die multimediale Darstellung leicht verständlich und nutzerfreundlich aufbereitet werden kann. Grundsätzlich ist zu bemerken, dass innerhalb eines Unternehmens für verschiedene Produkte und Prozesse (wie am adidas-Beispiel gezeigt) ein externes Vorschlagswesen installiert werden kann. Der Kunde wählt sich ein Gebiet aus, zu dem er etwas beitragen möchte, und findet dort die entsprechend gestalteten Webseiten. Durch gezielte Marketingmaßnahmen sowohl im Offline-Bereich (z. B. Infoflyer am POS) wie auch im Online-Bereich (z.B. Hinweis auf der Website des Unternehmens) kann auf die Möglichkeit, sich permanent am Innovationsprozess des Unternehmens zu beteiligen, sowie auf temporäre Aktionen und die damit verbundenen Prämierungsmöglichkeiten aufmerksam gemacht werden.

Ideenannahme

Die Annahme der Ideen erfolgt gemäß den innerhalb des Beschwerdemanagements bestehenden Prozessen. So werden die mithilfe des Interaktionstools eingesendeten Beiträge von den Mitarbeitern des Back Office, die, wie dargestellt, bereits auf die Bearbeitung von schriftlichen Anliegen spezialisiert sind, entgegengenommen. Im System des betrieblichen Vorschlagswesens entspricht das Back Office somit der Funktion des BVW-Beauftragten. Gemäß den unterschiedlichen Themenbereichen findet eine Zuordnung zu einem Spezialisten statt, der eine erste Sichtung vornimmt. Beiträge von eindeutig geringem Kreativitätsniveau, wie beispielsweise die beim mi adidas-und-ich Projekt als reine Kommentare klassifizierten Einsendungen, werden aussortiert. Allen Einsendern, auch den Verfassern der wenig innovativen Kommentare, wird ein Antwortscheiben zugesandt, innerhalb dessen der Empfang des Beitrags bestätigt, eine

Anerkennung der Teilnahme ausgesprochen und das weitere interne Procedere mit Nennung der Bearbeitungsdauer dargestellt wird. Wird ein Beitrag nicht weiter bearbeitet, so wird dem Verfasser dies ebenfalls mitgeteilt.

Die Mitarbeiter des 1st und des 2nd Levels, bei denen die Kundenanliegen telefonisch eingehen, sollen dahingehend geschult werden, sich beschwerende Kunden zur Äußerung von möglichen Problemlösungen bzw. Neuerungen zu stimulieren. Die Mitarbeiter sollen die Kunden aktiv auf die Möglichkeit ansprechen, ihre Beschwerden als Innovationsvorschlag zu artikulieren und sie auf die Möglichkeit zur Teilnahme am Ideenwettbewerb und die damit verbundenen Prämierungschancen aufmerksam machen. Analog zur Erstellung eines Beschwerdeprotokolls soll im Falle einer kreativen Äußerung ein **Innovationsprotokoll** angefertigt werden, das die zentralen Ideen des Kunden so detailliert wie möglich zusammenfasst. Diese schriftlichen Protokolle werden an das Back Office weitergeleitet.

Beurteilung

Sowohl die direkt im Back Office schriftlich eingesandten Beiträge wie auch die von den Mitarbeitern des 1st und 2nd Level festgehaltenen Äußerungen werden thematisch sortiert und an eine neu zu schaffende **Innovationskommission** weitergeleitet. Hier werden die Einsendungen hinsichtlich der für das Unternehmen relevanten Bewertungsdimensionen beurteilt. Wurden beim mi adidas-und-ich-Projekt die Beiträge anhand der Dimensionen Originalität, Kundennutzen, Anzahl der Nutznießer und Ausarbeitungsgrad bewertet, müssen im Unternehmen gegebenenfalls andere, auf den spezifischen Kontext der Aufgabenstellung angepasste Kriterien verwendet werden. Eine Orientierung an den Erkenntnissen der Kreativitätsforschung, die sich seit Jahrzehnten mit der Bewertung von kreativen Leistungen beschäftigt (vgl. die Consensual Assessment Technique), erscheint aufgrund der im mi adidas-und-ich-Projekt gesammelten positiven Erfahrungen als sehr empfehlenswert.

Die Zusammensetzung der Innovationskommission hängt von den situativen Gegebenheiten im Unternehmen ab. Unternehmensbereiche, aus denen Mitarbeiter in der Kommission enthalten sein sollten, sind:

▶ Forschung und Entwicklung
▶ Innovationsmanagement
▶ Strategisches Marketing
▶ CRM

- Kommunikation
- Servicemanagement

Die Kommission ist der Unternehmensführung direkt unterstellt, weshalb auch zumindest ein Mitglied der obersten Führungsebene dem Gremium angehören sollte. Die Einbindung der Mitglieder in die Kommission und in den Entscheidungsprozess ist mit größter Sorgfalt zu gestalten, um Reaktanzen, die auf das so genannte *Not-invented-here*-Phänomen zurückzuführen sind, zu vermeiden.

> Das **Not-invented-here-Phänomen** (NIH) ist ein Symptom des so genannten Gruppendenkens. Es bedeutet die Ablehnung von Innovationen, die von außen in das Unternehmen hineingetragen werden. Ideen, die nicht im eigenen Haus entwickelt wurden, werden als minderwertig, überflüssig, nicht umsetzbar oder sogar als gefährlich eingestuft. Das NIH-Phänomen bewirkt eine hohe Präferenz für Eigenentwicklungen und damit zumeist eine Kostenerhöhung, Zeitverzögerung sowie das Verharren im Inkrementellen.

Darüber hinaus hat das Unternehmen durch die Einrichtung der Innovationskommission die Möglichkeit, die externen Kundenbeiträge sowie die innerhalb des betrieblichen Vorschlagswesens gesammelten internen Ideen, die sich auf Verbesserungen bzw. Neuerungen bezüglich des Leistungsangebots des Unternehmens beziehen, zusammenzuführen. Tatsächlich zeigt die Analyse der Beiträge des betrieblichen Vorschlagswesens, dass überwiegend Ideen zur Verbesserung der (Produktions-)Prozesse und Abläufe eingesandt werden (= *Effizienz-Dimension*). Beim externen Vorschlagswesen werden hingegen Ideen für neue Produkte bzw. Dienstleistungen aufgenommen (= *Effektivitäts-Dimension*). Beiträge von Mitarbeitern, die sich jedoch auch auf Verbesserungen bzw. Neuerungen bezüglich des Leistungsangebots beziehen, können nun ebenfalls vom BVW-Beauftragten direkt an die Innovationskommission weitergeleitet werden. Somit erfolgt eine konzentrierte Bündelung des innovativen Potenzials sowohl der Kunden wie auch der Mitarbeiter. Innerhalb des betrieblichen Vorschlagswesens kann zudem durch besondere Ausschreibungen oder Sonderprämierungen gezielt auf die Entwicklung von neuen Produkten/Dienstleistungen hingesteuert werden.

Die Innovationskommission tagt in regelmäßigen Abständen und entscheidet über die besten Beiträge. Diese Entscheidungen werden an die Unternehmensführung weitergeleitet. Tatsächlich ist die Sitzungshäufigkeit der Innovationskommission ein Zeichen für die Ernsthaftigkeit und das Engagement, mit der das Unternehmen den Innovationsprozess betreibt. So spricht ein monatliches (oder noch häufigeres) Zusammentreffen mit Festlegung der Gewinnerbeiträge sowie Kundenprämierung für einen sehr aktiven Innovationsprozess, während ein halbjährliches (oder gar jährliches) Zusammentreffen für ein eher gemäßigtes Innovationsengagement spricht. Hierbei ist zu beachten, dass Kunden, denen beispielsweise erst nach einem Jahr Feedback auf ihre Einsendung gegeben wird, durchaus Zweifel an der Kompetenz und Fähigkeit des Unternehmens hegen können, was im schlechtesten Fall negative Folgen für das Firmenimage mit sich führen kann.

Prämierung

Die Entscheidungen der Innovationskommission werden an die Unternehmensführung weitergeleitet, die die Prämierung der Gewinner vornimmt sowie über die tatsächliche Umsetzung der Ideen entscheidet und diese schließlich zur Umsetzung anordnet. Wie die empirischen Untersuchungen beim mi adidas-und-ich-Projekt zeigten, ist den Teilnehmern am Ideenwettbewerb eine immaterielle Gratifikation, wie beispielsweise Anerkennung durch die Unternehmensführung durch persönliche Gratulation, Listung als Gewinner auf der Unternehmenswebsite oder Nennung als Erfinder der neuen Leistung, oft mehr wert als monetäre Kompensation. So bedeutet eine höhere Prämie nicht automatisch ein höheres Engagement der Kunden. Innerhalb des betrieblichen Vorschlagswesens ist die Höhe der Prämie unter anderem an die Höhe der erwarteten Ersparnisse, die durch Umsetzung der Idee realisiert werden können, gekoppelt. Eine Übertragung auf das externe Vorschlagswesen bestünde darin, die Höhe der Prämie an der Höhe des erwarteten Erfolgs der neuen Leistung zu orientieren, was bei zeitnaher Auszahlung jedoch von einem äußerst spekulativen Charakter geprägt ist bzw. bei Abwarten der ersten Erlöse eine kundenunfreundliche Zeitverzögerung mit sich bringt. Praktikabler ist die Auszahlung einer im Vorfeld festgesetzten und bei der Ausschreibung des externen Vorschlagswesens angekündigten festen Prämienzahlung, die

- in ihrer Höhe der Bedeutung der Aufgabe angemessen ist,
- nach den Platzierungen gestaffelt sein kann sowie
- ergänzt wird durch immaterielle Honorierungen.

Beispiel Prämierung der mi adidas-Gewinner

Beim mi adidas-und-ich-Projekt wurden die Autoren der drei besten Einsendungen zu einem „Tag hinter den Kulissen" in den Firmenhauptsitz nach Herzogenaurach eingeladen, wo ihnen nach einer ausgedehnten Führung und einem Mittagessen mit den mi adidas-Verantwortlichen ein Einkaufsgutschein über je 250 Euro für den sich in unmittelbarer Nähe befindenden adidas-Outletstore ausgehändigt wurde. Bereits im Vorfeld wurden diese hochkreativen Kunden auf der mi adidas-und-ich-Website als Gewinner genannt und ihnen für ihre Leistungen gedankt. Das Feedback der Kunden beim Verlassen des Firmensitzes auf die erbrachten Honorierungen war äußerst positiv, sodass die Gestaltung der immateriellen sowie die Höhe der materiellen Prämierungen vom gesamten Forschungsteam als angemessen beurteilt wurde.

Die Protokollierung der telefonisch geäußerten Innovativbeiträge ist, wie beschrieben, die Aufgabe der Mitarbeiter des 1st bzw. 2nd Level im CI-Center. Ob und wie detailliert die Mitarbeiter dieser Anforderung nachkommen, liegt in ihrem eigenen Ermessen. Eine motivierende Incentivierung kann darin bestehen, die Mitarbeiter im Falle eines Gewinns des von ihnen aufgenommenen und protokollierten Beitrags an der Prämierung zu beteiligen. Hierdurch kann auch das Kommunikationsverhalten der Call-Center-Agenten hinsichtlich einer Stimulierung der Kunden, innovative Idee zu äußern, unterstützt werden. Dieses Incentivierungssystem kann ebenfalls auf die Mitarbeiter des Back Office ausgedehnt werden, um eine akkurate Aufnahme und Weiterverarbeitung der eingesandten Beiträge zu fördern.

Einflussmöglichkeiten

Bei den empirischen Untersuchungen zum Teilnahme- und Leistungsverhalten der Kunden beim mi adidas-Ideenwettbewerb konnten verschiedene signifikante Motive und Eigenschaften identifiziert werden. Tatsächlich ergeben sich auf Grundlage dieser Erkenntnisse verschiedene Ansatzpunkte, die Gestaltung des externen Vorschlagswesens positiv zu beeinflussen.

So erweisen sich die Motive *Anerkennung, Identifikation* und *Spaß* sowie die Eigenschaften *Wissen* und *Involvement* als sehr gute Basis für Gestaltungsoptionen. Zwar ist es für adidas ebenfalls sehr gut zu wissen, dass ihre Kunden hohe Ausprägungen von Neugier, Trend- und Meinungsführerschaft etc. aufweisen (beispielsweise zur Konzeptionierung von zielgruppenspezifischen Marketingmaßnahmen), doch eignen sich diese Eigenschaften weniger für konkrete Gestaltungsempfehlungen bei der Einrichtung eines externen Vorschlagswesens.

Annerkennung

Wie bei den Ausführungen zur Prämierung der Kunden dargelegt, ist es besonders wichtig, den Kunden ein anerkennendes Feedback zukommen zu lassen. Diese immaterielle Honorierung ihrer Leistungen wird in vielen Fällen sogar höher als eine materielle Kompensation eingestuft. Im Fall des externen Vorschlagswesens erfolgt eine Feedbackgabe direkt nach Abgabe des Kreativbeitrags durch die Mitarbeiter des CI-Centers (1st bzw. 2nd Level und Back Office) sowie durch die Unternehmensführung im Fall eines Gewinns. Wichtig hierbei ist es, dem Kunden zeitnah zu antworten sowie die internen Abläufe transparent zu machen. Hierzu zählt auch das Informieren der Kunden, deren Beitrag nicht prämiert wird. Die Kontaktaufnahme mit diesen Personen und Darlegung der Gründe für einen Nichtgewinn ist zwar einerseits mit einem Mehraufwand für das Unternehmen verbunden, stellt jedoch andererseits für den Kunden eine weitere Anerkennung seines Engagements dar und zeigt, dass seine Bemühungen durchaus ernst genommen wurden. Ein solch transparentes Verhalten des Unternehmens kann auf lange Frist zu gesteigerter Kundenloyalität führen, die sich auf Kundenseite wiederum in Re-, Up- und Cross-Selling-Aktivitäten sowie positiven Weiterempfehlungen ausdrückt.

Identifikation

Beim mi adidas-und-ich-Projekt zeigte sich, dass Personen, die sich besonders mit der Marke adidas identifizieren, in erhöhtem Maße bereit sind, am Ideenwettbewerb teilzunehmen bzw. auch besondere Leistungen zeigten. Marken stellen ein Nutzenbündel mit spezifischen Merkmalen dar, die dafür sorgen, dass sich dieses Bündel gegenüber anderen, welche dieselben Basisbedürfnisse erfüllen, aus Sicht der relevanten Zielgruppe nachhaltig differenziert. Das Nutzenbündel Marke besteht dabei stets aus materiellen und immateriellen Komponenten. Einerseits werden bei der Marke physisch-funktionale Nutzenkomponenten, andererseits verschiedenartige Zeichen als symbolische Nutzenkomponenten gebündelt. Dem Kunden bringen Markenartikel schnellere Orientierung, denn Qualität und Güte der Leistung ist bekannt; zugleich wird aber auch das Gefühl sozialer Nähe bekräftigt. Marken entstehen gemeinhin durch langfristigen Aufbau sozialen Vertrauens, wobei Warenqualität, Wiedererkennbarkeit und Akzeptanz durch bestimmte Konsumentengruppierungen die größte Rolle spielen. Mit dem Erwerb eines Markenartikels kauft der Kunde nicht nur ein Gebrauchsgut, sondern zusätzlich einen ideellen Gegenstand, nämlich ein Versprechen bezüglich Qualität, Image und anderer Eigenschaften des Produktes, das an die Marke geknüpft ist. All dies führt beim Nachfrager zu einem wahrgenommenen Mehrwert, der für Unternehmen über Preis- und Mengenprämien kapitalisierbar ist.

Wie beim mi adidas-und-ich-Projekt empirisch nachgewiesen werden konnte, hat das Markenbewusstsein der Kunden auch positiven Einfluss auf deren Verhalten innerhalb des Kundenintegrationsprozesses. Die Gewinner des mi adidas-Ideenwettbewerbs können als regelechte adidas-Fans bezeichnet werden. Bezieht man diesen in der Marketingliteratur wenig beachteten Einfluss der Markenidentifikation auf das Innovationsverhalten der Kunden in die Überlegungen zur Gestaltung des externen Vorschlagswesen mit ein, so kann die Empfehlung ausgesprochen werden, weiter gehende Maßnahmen zur Stärkung der Marke zu ergreifen.

Den zentralen Bereich zur Markenstärkung stellt die **Unternehmenskommunikation** dar. Der Begriff Unternehmenskommunikation bezeichnet die Gesamtheit aller Kommunikationsinstrumente und -maßnahmen eines Unternehmens, die eingesetzt werden, um das Unternehmen und seine Leistungen bei allen relevanten Zielgruppen darzustellen. Der auf die Kunden gerichtete Teil der Unternehmenskommunikation wird als **Marktkommunikation** bezeichnet. Eine Kräftigung der Marke ist beispielsweise durch verstärkte marktkommunikationspolitische Bemühungen in folgenden Bereichen möglich:

Werbung	Verkaufsförderung	Public Relations
Sponsoring	Messen	Events

Sowohl das Commitment der Unternehmensführung wie auch erhöhte Budgetzuweisungen stellen hierfür die grundlegenden Voraussetzungen dar.

Hedonismus

Bei mi adidas-und-ich-Projekt zeigte sich weitergehend, dass die Leistungsträger besonderen Spaß bei der Bearbeitung der Kreativaufgabe hatten. Bei der Planung des externen Vorschlagswesens kann diesem Punkt durch die sorgfältige Gestaltung der internetbasierten Interaktionsplattform Rechnung getragen werden.

Das Bedürfnis nach Spaß und Unterhaltung, Zerstreuung und Entspannung ist ein entscheidendes Motiv für den Mediengebrauch im Allgemeinen. Dem Spaß sehr ähnliche Emotionen und Erlebnisse sind die Sinneslust, die Unterhaltung oder Freude und Vergnügen. Sie dienen als Antriebskräfte für kognitive Prozesse wie Wahrnehmung, Informationsverarbeitung und Erinnerung – allesamt Voraussetzungen für kreatives Verhalten. Zur kognitiven Anregung dienen vor allem solche Informationen, die unterhaltsam verpackt sind. Dieser Effekt spiegelt sich in dem in den Medien zu beobachtenden Trend des Infotainment wider. Das bedeutet, der Spaß zur Bearbeitung kann bereits durch die Präsentationsform der Produkte und das Layout der Interaktionsplattform signalisiert werden. Hierzu können neue multimediale Techniken wie VRML, Java oder Flash genutzt werden. Aus motivationstheoretischer Perspektive wird der wahrgenommene Spaß als ein aktiviertes intrinsisches Motiv interpretiert. Das heißt, von der im Internet ermöglichten Innovationstätigkeit selbst geht eine belohnende Wirkung für den Kunden aus, die eine intensive Auseinandersetzung mit den kognitiven und kreativen Aufgabenstellungen des externen Vorschlagswesens begünstigt. Weitere Faktoren, die bei der Gestaltung der Interaktionsplattform beachtet werden sollten, sind:

- ▶ der Informationsgehalt,
- ▶ die realitätsgetreue Produktpräsentation,
- ▶ die Benutzerfreundlichkeit und
- ▶ der wahrgenommene Einbindungsgrad.

Involvement

Die empirischen Untersuchungen im mi adidas-und-ich-Projekt zeigten, dass das Involvement der Kunden, also die Frage, wie interessant und aufregend sie den Kaufprozess wahrnehmen, ebenfalls großen Einfluss auf das Teilnahme- und Leistungsverhalten hatte. Diese Erkenntnis stimmt mit der allgemeinen Beobachtung überein, dass das reine Anbieten von Produkten und Dienstleistungen heute nicht mehr ausreicht, sondern dass die Kunden in allen Lebensbereichen, so auch beim Einkauf, etwas erleben wollen.

Seit Mitte der 1990er Jahre etablierte sich **Kundenerlebnis** bzw. **Customer Experience** als fester Begriff im Marketing. Das **Customer Experience Marketing** (CEM) ist der Prozess des strategischen Managements aller Kundenerlebnisse mit einer Marke an sämtlichen Kontaktpunkten und kann als Fortentwicklung des CRM gesehen werden. In diesem Sinne haben bereits einige Unternehmen erkannt, dass durch die bewusste Schaffung emotionaler Erlebniswerte, die in ihrer Summe ganze Erlebniswelten für Produkte und Dienstleistungen sein können, Differenzierungs- und Positionierungspotenziale am Markt entstehen. Eine Methode, dem Kundenverlangen gerecht zu werden, ist die Schaffung eines durchgängigen Themas, dem alle Aspekte des Angebots untergeordnet werden. Vorreiter dieser Bewegung sind Erlebnisparks, Themenrestaurants, Themenhotels oder Erlebnis-Kaufhäuser. Die Gestaltungsmöglichkeiten von Erlebniswelten sind vielfältig. Sie bedienen sich der Elemente von Architektur, sämtlicher Medien, aber auch Kunstformen wie Video, Projektionen, mechanische Installationen und Grafik.

Bei der Inszenierung von Erlebnissen geht es also nicht nur darum, die Kunden zu unterhalten, sondern darum, sie in das Erlebnis mit einzubinden. Wichtig ist die durchgehende Erzeugung von positiven Signalen in Verbindung mit dem kommunizierten Thema, was letztlich zu einer Steigerung des Involvements führt.

Wissen

Beziehen sich die Motivaspekte auf das „Wollen" der Kunden, so zielt die Eigenschaft Wissen auf das „Können" der Teilnehmer ab. Es zeigte sich, dass Kunden mit einem höheren Wissensstand auch zu besseren Innovationsleistungen fähig sind. Im Bereich der Dienstleistungsforschung finden sich am Konzept der Mitarbeiterentwicklung orientierte Ansätze, Kunden durch gezielte Maßnahmen zu qualifizierten Partnern bei der Integration in den Leistungserstellungsprozess zu machen. Dabei ist die Vermittlung von relevantem Wissen zur Ausführung der innerhalb der Kundenintegration anfallenden Aktivitäten ein zentraler Punkt, wobei in *erfahrungsorientierte* und *informationsorientierte* Maßnahmen zur Wissensvermittlung unterschieden wird:

► **Erfahrungsorientierte Maßnahmen:** Kerninstrumente dabei sind Kundenunterweisung am Serviceencounter, Kunden-Coaching/-Tutoring sowie Kundenberatungsgespräche. Als Zusatzinstrumente werden Kundenforum, Kundenevent und Kundenclub genannt.

▶ **Informationsorientierte Maßnahmen:** Kerninstrumente dabei sind Kundenvortrag, Kundenseminar/-schulung, schriftliche Instruktionsmethode sowie Selbststudium des Kunden, das aus virtueller Kundenunterweisung, Kundenvideos und multimedialen Kiosksystemen bestehen kann. Als Zusatzinstrumente dienen Kundentelefon, Kundenzeitschrift, Kunden-TV und internetbasierte Anwendungsprogramme.

Einem Unternehmen steht somit eine ganze Reihe von Möglichkeiten zur Verfügung, das innovationsrelevante Wissen bereit zu stellen. Gerade durch die Konzeptionierung des externen Vorschlagswesens als internetbasierte Anwendung erscheinen die informationsorientierten Maßnahmen, die auf einer Wissensvermittlung via Internet basieren, als besonders naheliegend. Beispielsweise könnten zusätzlich zu den innerhalb des externen Vorschlagswesens geplanten Aufgabenstellungen Querverweise und Links angeboten werden, die den Besucher zu weiteren Webseiten leiten, auf denen tiefer gehende Informationen zum Produkt oder der Dienstleistung angeboten werden.

1.4.4 Zusammenfassung

Aufbauend auf den im mi adidas-und-ich-Projekt gesammelten Erfahrungen wird der internetbasierte temporale Ideenwettbewerb zu einem permanenten externen Vorschlagswesen ausgebaut. Dieses geplante externe Vorschlagswesen orientiert sich am betrieblichen Vorschlagswesen sowie am Beschwerdemanagement bzw. stellt eine um spezifische Komponenten erweiterte Kombination beider Systeme dar. Besonders bei Fragestellungen zur Ablauforganisation (Koordination, Weisungsbefugnis etc.), Mitarbeiterqualifizierung (Qualifikationsbedarf, Schulungsziele etc.) sowie Incentivierung (Kundenprämierung, Mitarbeiterbeteiligung etc.) liefert die Orientierung an diesen bestehenden Managementsystemen nützliche Anhaltspunkte.

Die Ergebnisse der empirischen Untersuchungen im mi adidas-und-ich-Projekt liefern darüber hinaus ebenfalls weitere wichtige Hinweise. So können bezüglich der Motive *Anerkennung, Identifikation* und *Spaß* sowie der Eigenschaften *Involvement* und *Wissen* konkrete Empfehlungen zur Gestaltung des externen Vorschlagswesens gemacht werden.

In folgender Abbildung ist das System des externen Vorschlagswesen grafisch dargestellt, wobei neben den Abläufen zur Erfassung der Kundenbeiträge auch die Anbindung des betrieblichen Vorschlagswesens (BVW) an das Gesamtsystem dargestellt wird. Darüber hinaus sind die Aktivitäten der Innovationskommission sowie der Unternehmensführung eingezeichnet. Die mithilfe der empirischen Untersuchungen identifizierten beeinflussenden Motive und Eigenschaften sind an den relevanten Stellen im System eingefügt (Ellipsen):

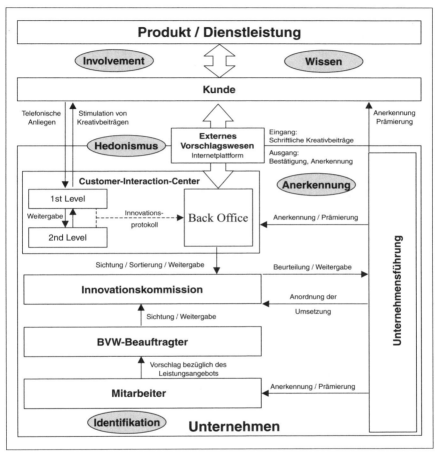

Abbildung 31: Das System des externen Vorschlagswesens

1.5 Management Summary

Der internetbasierte Ideenwettbewerb eignet sich sehr gut zur Integration von Kunden in die frühe Phase des Innovationsprozesses. Beim Anwendungsfall adidas wurden 10 Prozent aller Einsendungen als völlig neue Ideen und 80 Prozent der Beiträge als Verbesserungsvorschläge klassifiziert. Neben dem Sammeln von kreativen Ideen stellt der Ideenwettbewerb darüber hinaus eine auf Selbstselektion basierende Methode zur Identifikation von Lead Usern dar, mit deren Hilfe in einem Workshop weitere Innovationsideen generiert werden können.

Besonders kreative Teilnehmer am Ideenwettbewerb weisen besondere Eigenschaften wie hohes Wissen und Erfahrung, Trend- und Meinungsführerschaft sowie großes Involvement mit dem Kaufprozess auf. Hinsichtlich der Motivation konnte festgestellt werden, dass Identifikation mit der Marke, Spaß beim Ideengenerieren und Anerkennung durch die adidas-Verantwortlichen bzw. durch andere Teilnehmer wichtiger sind als finanzielle Vergütung. Aufbauend auf diesen Erkenntnissen bietet sich die Entwicklung eines institutionalisierten permanenten Ideenwettbewerbs, dem so genannten „externen Vorschlagswesen", an.

Dieses Konzept orientiert sich an im Unternehmen bereits bestehenden Systemen, wie dem Beschwerde- und dem innerbetrieblichen Ideenmanagement, und erweitert diese um die Komponente der aktiven Kundenintegration bzw. Lead-User-Identifikation. Kernstück des Konzepts ist eine Innovationskommission, die sowohl interne Vorschläge wie auch durch das Customer Interaction Center (= **erweitertes Beschwerdemanagement**) erfasste externe Kundenanregungen sammelt, aufbereitet und bewertet sowie die vielversprechendsten Beiträge an die Unternehmensführung zur Umsetzung weiterempfiehlt. Die als relevant identifizierten Eigenschaften und Motive der Kunden stellen wichtige Stellschrauben zur Ausgestaltung der Kundeninteraktion bzw. zur Anreizgestaltung dar.

1.6 Literaturempfehlungen

Mass Customization

Ihl, C./Müller, M./Piller, F./Reichwald, R. (2006): Kundenzufriedenheit bei Mass Customization: Eine empirische Untersuchung zur Bedeutung des Co-Design-Prozesses aus Kundensicht. Die Unternehmung, 59, 3 (Juni): 165-184.

Pine, B.J. (1993): Mass Customization, Boston, MA.

Piller, F./Stotko, C. (Hrsg.) (2003): Mass Customization und Kundenintegration. Neue Wege zum innovativen Produkt, Düsseldorf.

Piller, F. (2006): Mass Customization, 4. Auflage, Wiesbaden.

Kreativität und Kreativitätsmessung

Amabile, T.M. (1996): Creativity in Context, Oxford.

Funke, J. (2000): Psychologie der Kreativität, online verfügbar unter: http://psydok.sulb.uni-saarland.de/volltexte/2003/22.

Simonton, D.K. (2000): Creativity. Cognitive, Personal, Developmental, and Social Aspects, American Psychologist, Vol. 55: 151-158.

Walcher, D. (2007): Der Ideenwettbewerb als Methode der aktiven Kundenintegration, Wiesbaden.

Lead User und Methoden zur Identifikation

Churchill, J./Hippel, E. von (2002): Video zur Anwendung der Lead-User-Methode, online verfügbar unter: web.mit.edu/evhippel/www/tutorials.htm.

Füller, J./Mühlbacher, H./Rieder, B. (2003): An die Arbeit, lieber Kunde – Kunden als Entwickler, Harvard Business Manager, Vol. 25 (5): 34-54.

Lilien, G./Morrison, P./Searls, K./Sonnack, M./von Hippel, E. (2002): Performance assessment of the lead user idea-generation process for new product development. Management Science, 48 (2002) 8: 1042-1059.

Lüthje, C./Herstatt, C. (2004): The lead user method: Theoretical-empirical foundation and practical implementation. R&D Management, 34 (2004) 5: 549-564.

Urban, Gl./Hippel, E. von (1988): Lead user analysis for the development of new industrial products, Management Science, 34 (1988) 5: 569-582.

Open Source

Hars, A./Ou, S. (2002): Working for free? Motivations for participating in open-source projects. International Journal of Electronic Commerce, 6 (2002) 3 (Spring): 25-39.

Knyphausen-Aufsess, D./Achtenhagen, L./Müller, J. (2003): Die Open-Source-Softwareentwicklung als Best-Practice-Beispiel eines erfolgreichen Dienstleistungsnetzwerkes. In: Manfred Bruhn/Bernd Stauss (Hg.): Dienstleistungsnetzwerke, Jahrbuch Dienstleistungsmanagement 2003, Wiesbaden, 613-639.

Lerner, J./Tirole, J. (2002): Some simple economics of open source. Journal of Industrial Economis, 50 (2002) 2: 197-234.

Osterloh, M./Kuster, B./Rota, S. (2004): Open Source Software Produktion: Ein neues Innovationsmodell?. In: Robert A. Gehring/Bernd Lutterbeck (Hg.): Open Source Jahrbuch 2004. Zwischen Softwareentwicklung und Gesellschaftsmodell, Berlin: Lehmanns Media 2004: 121-137.

Stallman, R. (1985): The GNU Manifesto, MIT, Cambridge, Online verfügbar unter: www.gnu.ai.mit.edu/gnu/manifesto.html.

Kunden-, Beschwerde- und Ideenmanagement

Fichte, M. (2001): Organisation, in: Schmid, C./Jendro, L. (Hrsg.): Call Center Compendium: Konzeption, Aufbau, Betrieb und Technik eines professionellen Kundenmanagements, Köln, 31-49.

Kummer, A./Genz, H.O. (2001): Betriebliches Vorschlagswesen als Ideenmanagement, online verfügbar unter: www.hartmut-genz.de/pdfs/Ideenmanagement.pdf.

Stauss, B./Seidel, W. (2004): Beschwerdemanagement: Kundenbeziehungen erfolgreich managen durch Customer Care, 4. Aufl., München.

Erlebnismarketing und Kundenentwicklung

Gouthier, M. (2003): Kundenentwicklung im Dienstleistungsbereich, Wiesbaden.

Pine, B.J./Gilmore, J. (1999): The Experience Economy, Boston.

Schmitt, B./Mangold, M. (2005): Kundenerlebnis als Wettbewerbsvorteil, Wiesbaden.

2. Kundenintegration bei SevenOne Media: das Future-Zone-Projekt

2.1 Ausgangssituation

Ziel des Future-Zone-Projekts ist die Entwicklung eines Gesamtkonzepts basierend auf Technologie, Organisation und Kultur zur Integration von Kundenwissen in den Innovationsprozess eines *B2B-Dienstleisters*. Die Umsetzung dieses Projektes wurde mit der SevenOne Media GmbH durchgeführt.

2.1.1 Projektpartner SevenOne Media

Die SevenOne Media ist das Vermarktungsunternehmen der ProSieben-Sat.1-Gruppe, deren Kerngeschäft das klassische Fernsehen ist. Mit den Sendern Sat.1, ProSieben, kabel eins und N24 verfügt das Medienhaus über vier Sendermarken und bietet somit ein breites Zielgruppenspektrum im deutschen TV-Werbemarkt.

Kerngeschäft von SevenOne Media ist der Verkauf von Werbespots und Sonderwerbeformen sowie die Entwicklung integrierter Kommunikationslösungen. Es bietet seinen Kunden das gesamte Spektrum audiovisueller und interaktiver Plattformen an, das sich von Fernsehen über Online, Teletext, mobile Applikationen und Telefonmehrwertdiensten bis hin zu Print, Direkt- und Eventmarketing sowie Merchandising erstreckt.

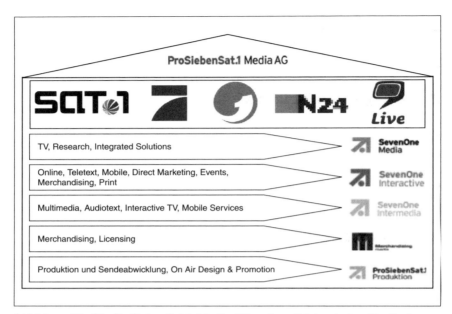

Abbildung 32: Die ProSiebenSat.1 Media AG – ein voll integriertes Medienhaus

Das Unternehmen versteht sich als Dienstleister und Partner im B2B-Bereich für werbetreibende Unternehmen und deren Media-Agenturen, die im verschärften Wettbewerb immer flexibler reagieren müssen. Die Seven One Media ist somit ein Dienstleister, der primär zwei B2B-Kundengruppen besitzt, die wiederum selbst in engem Austausch zu einander stehen.

Es gibt viele Beispiele für Innovationen im TV-Werbemarkt, wie Splitscreens, TV-Sponsorings und die multimedialen Derivate der einzelnen Sendermarken, also deren Online-Plattformen, mobile Dienste sowie die Teletext- und Merchandising-Angebote, um nur einige zu nennen. Die Kunden haben bei der Entwicklung dieser Innovationen bisher jedoch nur eine untergeordnete Rolle gespielt.

Dies liegt an den Besonderheiten eines B2B-Dienstleisters, die man am Beispiel der SevenOne Media sehr gut verdeutlichen kann.

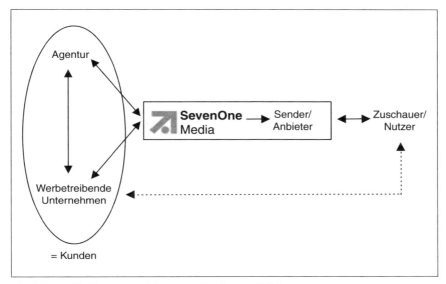

Abbildung 33: Zusammenhänge im Markt der TV-Vermarkter

2.1.2 Kundenintegration im Rahmen der Future Zone

Um die Möglichkeiten und Grenzen der Kundenintegration bei der Seven One Media in den Innovationsprozess beurteilen zu können, müssen zunächst zwei Arten von Kunden unterschieden werden: interne sowie externe Kundengruppen.

Unter externen Gruppen sind Kunden zu verstehen, die in einem Nachfrageverhältnis zu den von der SevenOne Media GmbH angebotenen Leistungen stehen. Dies sind die werbetreibenden Unternehmen sowie Media-Agenturen. Gegenüber den externen Kunden lassen sich interne Kundengruppen abgrenzen.

Abbildung 34: Unterscheidung der Kundengruppen

Als interne Kunden werden Unternehmensmitglieder verstanden, die interne Leistungen von anderen Unternehmensmitgliedern empfangen. Denn auch interne Prozesse sollten in innovationsorientierten Unternehmen als Kunden-Lieferanten-Beziehungen aufgefasst werden. Dies sind in erster Linie die Mitarbeiter. Sie sind eine der wichtigsten Quellen für Innovationen und darüber hinaus diejenigen, an die das innovationsspezifische Kundenwissen geleitet werden muss.

Wie können Kunden – also externe und interne Kundengruppen – in den Innovationsprozess integriert werden?

2.1.3 Barrieren der Kundenintegration

Wie bereits dargestellt, ist die SevenOne Media GmbH ein B2B-Dienstleister, der sich, sowohl werbetreibenden Unternehmen als auch Media-Agenturen als externen Kunden gegenüber sieht.

Sowohl der Anreiz zu, als auch der Nutzen von einer Kooperation zur Entwicklung von innovativen Lösungen zwischen der SevenOne Media und ihren externen Kunden ist aus zwei Gründen mit Problemen behaftet: erstens wegen der Imitierbarkeit innovativer Werbeformen und zweitens wegen der kompetitiven Geschäftsbeziehung zu den Media-Agenturen.

Die Imitierbarkeit innovativer Werbeformen

Innovative Vermarktungs- und Werbeformen sind nicht patentierbar und rechtlich nur schwer zu schützen. Darüber hinaus können sie von der Konkurrenz jederzeit beobachtet und imitiert werden. Es ist folglich problematisch für ein werbetreibendes Unternehmen, durch Kooperationen bei der Entwicklung von neuen Werbeformaten langfristige Wettbewerbsvorteile aufzubauen. Demzufolge ist der Anreiz für diese Kundengruppe, sich in den Innovationsprozess zu integrieren und eigene Ressourcen dafür aufzuwenden, nur sehr gering.

Geschäftsbeziehung zu den Media-Agenturen

Ähnliche Bedingungen finden sich für Media-Agenturen. Dennoch weist die Beziehung des Vermarkters zu den Agenturen eine weitere Besonderheit auf. Sowohl Vermarkter als auch Agentur sind Dienstleister für die werbetreibende Industrie. Beide konkurrieren dementsprechend um die „Gunst" ihres Auftraggebers. Diese Konstellation gestaltet die Kooperation bei der Neuentwicklung von Vermarktungsmöglichkeiten schwierig. Sowohl Vermarkter als auch Agentur haben ein Interesse daran, die Innovation bzw. die kreative Leistung, die dazu geführt hat, für sich zu beanspruchen, um von der werbetreibenden Industrie dafür honoriert zu werden.

Indirekte Integration externer Kundengruppen

Somit erscheint die Motivation externer Kunden zur direkten Nutzung eines Tools zur Kundenintegration schwierig. Andererseits führen die Rahmenbedingungen auch zu Argumenten, die eine indirekte Nutzbarmachung eines solchen Tools fördern. Durch die im B2B-Bereich überschaubare Anzahl der externen Kunden erfolgt eine kontinuierliche Betreuung der externen Kunden durch einen persönlichen Ansprechpartner. Das Unternehmen steht in einem ständigen persönlichen Kommunikationsprozess mit seinen Kunden.

In diesem Prozess, also in den persönlichen Gesprächen mit dem Kundenberater, kommt es seitens der externen Kunden u. a. auch zu der Abgabe von Verbesserungsvorschlägen und Ideen. Diese sind aufgrund der sehr viel geringeren formalen Struktur im Vergleich zu einem Kundenintegrationssystem nur geringfügig von den oben beschriebenen Problemen betroffen. Der Kundenbetreuer wäre somit in der Lage, den Input der externen Kunden über ein entsprechendes Tool in das Unternehmen zu tragen.

Die Integration der externen Kunden in die Future Zone erfolgt also nicht über eine unmittelbare Teilnahme der Kunden, sondern indirekt über den persönlichen Ansprechpartner bei der SevenOne Media GmbH. Im vorliegenden Fall, der exemplarisch für einen B2B-Dienstleister steht, stellt sich also in erster Linie nicht die Frage, wie sich die Kunden in den Innovationsprozess integrieren lassen, sondern die Kernfrage lautet:

> Wie motiviere ich meine Mitarbeiter im Kundenkontakt dazu, Ideen der Kunden ins Unternehmen zu tragen, und welche Hilfestellungen kann ich ihnen geben?

2.1.4 Unternehmensinterne Herausforderungen

Bei der Umsetzung des Future-Zone-Projekts nach innen sind vier Herausforderungen zu überwinden:

- ▶ **Informationsbarrieren:** Diese Hemmnisse sind auf die mangelnde Kenntnis der Mitarbeiter über den Zweck, die Vorgehensweise sowie die Funktionalität des Future-Zone-Projekts zurückzuführen.

- ▶ **Fähigkeitsbarrieren:** Diese Barrieren liegen vor, wenn die Mitarbeiter Ideen mit Innovationspotenzial der Kunden nicht erkennen und filtern können. Das Problem kann auch daran liegen, implizite Ideen nicht explizit machen zu können.

- ▶ **Willensbarrieren:** Diesen Barrieren lassen sich als Ressentiments gegenüber der Future Zone bezeichnen. Häufig resultieren diese aus Ressentiments gegenüber dem Unternehmen oder dem Management sowie aus mangelnden Anreizen.

- ▶ **Zeitbarrieren:** Bei der zentralen Schnittstelle – den Mitarbeitern im Kundenkontakt – herrscht eine hohe Feedback-Problematik. Die zeitlichen Anforderungen und Belastungen an diese Mitarbeiter sind sehr hoch.

Fasst man die bisherigen Ergebnisse nochmals zusammen, so kristallisieren sich die folgenden Ansatzpunkte für eine Verbesserung der Kundenintegration in Innovationsprozesse bei der SevenOne Media heraus:

- Aufgrund der hohen Bedeutung **des persönlichen Kontakts** werden Kundeninformationen in erster Linie durch die Mitarbeiter im Kundenkontakt aufgenommen und an das Unternehmen weitergeleitet.
- Um diese Kundeninformationen effektiv in das Innovationsmanagement einzubinden, bildet die **technologische, organisationale** und **kulturelle Verankerung** der Future Zone die grundsätzliche Voraussetzung für den Erfolg des Projekts.

Notwendig ist ein ganzheitliches Konzept zur Integration von Kundenwissen in den Innovationsprozess, basierend auf Technologie, Organisation und Kultur. Diese drei Bausteine sollen mithilfe des Future-Zone-Projekts bewerkstelligt werden.

2.2 Umsetzung

2.2.1 Technologie

Kernstück des Future-Zone-Projekts stellt eine Intranetplattform dar. Hierbei handelt es sich um eine Informations- und Kommunikationsplattform zur Abgabe, Analyse und Bewertung von Ideen. Es greift somit unmittelbar in die erste Phase des Innovationsprozesses ein.

Darstellung der Future Zone

Das Ideenmanagementsystem Future Zone stellt eine intranetbasierte Plattform zur Generierung, Erfassung und Bewertung von Ideen dar und unterstützt somit die Start- und Analysephase der systematischen Dienstleistungsentwicklung.

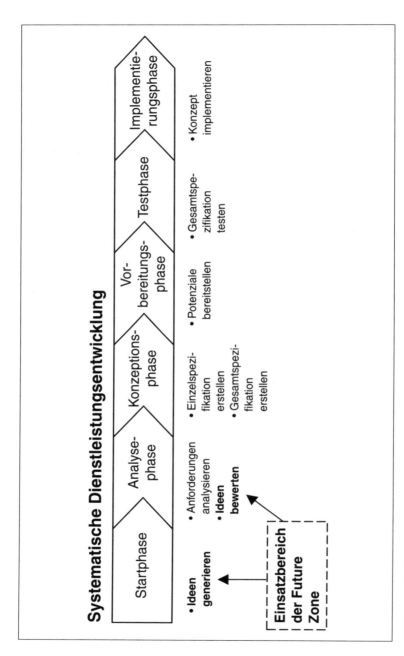

Abbildung 35: Die Future Zone im Rahmen der systematischen DL-Entwicklung
(Quelle: Eigene Darstellung in Anlehnung an Bullinger/Schreiner (2003))

Die Future Zone ist in diesem Kontext als Informations- und Kommunikationssystem konzipiert, das die Gestaltung neuer Dienstleistungen unterstützt. Dieses Informations- und Kommunikationssystem ist darauf ausgerichtet, Kundenwissen in Verbesserungen bzw. Innovationen umzusetzen. Hierzu soll den Mitarbeitern im Kundenkontakt eine Infrastruktur zur Verfügung gestellt werden, die es ihnen ermöglicht, Ideen von Kunden zu erfassen, mit Mitarbeitern und Spezialisten zu diskutieren und gezielt an die verantwortlichen Bereiche zur Weiterentwicklung und Realisierung weiterzuleiten.

Nutzungsprozess der Future Zone

Im Folgenden soll ein Überblick über den Nutzungsprozess der Future Zone aus User-Sicht dargestellt werden. Dabei werden sieben Prozessschritte betrachtet: Navigation, Login, Ideenabgabe, Kommentare einsehen, Kommentare abgeben, Ideen einsehen, Logout.

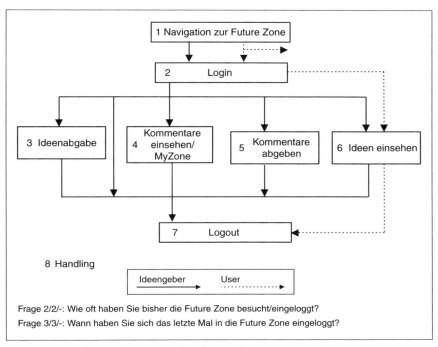

Frage 2/2/-: Wie oft haben Sie bisher die Future Zone besucht/eingeloggt?
Frage 3/3/-: Wann haben Sie sich das letzte Mal in die Future Zone eingeloggt?

Abbildung 36: Nutzungsprozess der Future Zone

Kundenintegration bei SevenOne Media: das Future-Zone-Projekt | **113**

Die ersten beiden Schritte des Nutzungsaspekts betreffen formale Aspekte. Die Navigation zur Future Zone erfolgt mittels Browser über das Intranet der SevenOne Media. Der Login erfolgt über einen spezifischen Benutzernamen mit Passwort zur Identifikation. Im Anschluss hat man vier Möglichkeiten, um die Future Zone zu nutzen.

- ▶ Zunächst hat man die Möglichkeit zur Ideenabgabe. Hierbei nutzt man ein Formular, in dem man die Ausgangslage skizzieren, die Idee beschreiben und Anmerkungen zur Umsetzung machen kann. Darüber hinaus besteht die Möglichkeit, Dokumente zur detaillierteren Beschreibung der Idee anzuhängen.

- ▶ Des Weiteren wurde eine Option zur Anonymitätswahrung in die Future Zone integriert. Dies begründet sich insbesondere aus dem wahrgenommenen Risiko heraus, bei der Ideenabgabe von Kollegen als übermotiviert angesehen zu werden oder interne Konflikte auszulösen, wenn man durch neue Ideen in fremde Aufgaben- und Verantwortungsbereiche eindringt. Schließlich besteht die Möglichkeit, Ideen zu speichern, ohne dass diese weitergeleitet werden.

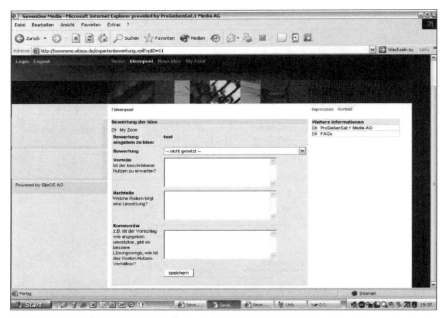

Abbildung 37: Screenshot der Future Zone – Ideeneingabe

► Das Einsehen von Kommentaren bezieht sich auf alle veröffentlichten Ideen. In einem offenen Bereich werden alle eingereichten Ideen, ihr momentaner Status sowie die Kommentare anderer User zu dieser Idee dargestellt.

Die Abgabe der Kommentare zu eingestellten Ideen stellt die nächste Nutzungsmöglichkeit dar. Sie schließt sich unmittelbar an die letzte Nutzungsmöglichkeit an: das Einsehen abgegebener Ideen. Die Abgabe der Kommentare erfolgt analog zur Ideeneingabe über ein Formular mit vordefinierten offenen Eingabefeldern zu Vor- und Nachteilen der Idee sowie einer globalen geschlossenen Gesamtbewertung der Idee.

Der Logout stellt den abschließenden Schritt der Nutzung der Future Zone dar.

Der wesentliche technologische Nutzen der Future Zone ist die zentrale, systematische Erfassung, Bewertung und Umsetzung von innovativen Kundenideen, die durch die Mitarbeiter eingebracht werden können. Die Einbindung von Kundenwissen in den Innovationsprozess wird dadurch systematisiert, strukturiert und transparent gemacht.

2.2.2 Organisation

Im Folgenden wird die organisatorische Einbettung und die Prozessstruktur der Future Zone anhand des Ablaufs bei der Bearbeitung einer Idee dargestellt (siehe Abbildung 38, Seite 116).

Die **Eingabe einer Idee** auf der Future Zone stellt den natürlichen Beginn des Bearbeitungsprozesses einer Idee dar. Im Anschluss an die Eingabe erhält jeder Ideen gebende Mitarbeiter zunächst eine automatisierte E-Mail, in welcher der Eingang der Idee bestätigt wird.

Zur weiteren Bearbeitung sowie zur Durchsetzung der Ideen im gesamten Unternehmen bedarf es der eigens für die Future Zone in der Organisation institutionalisierten Funktion des **Innovationsmanagers**.

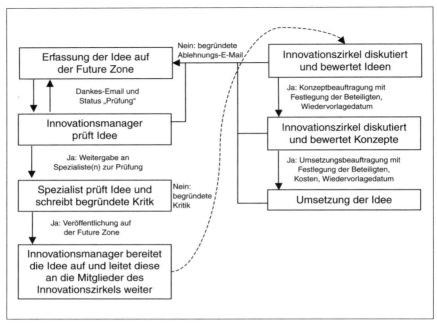

Abbildung 38: Ideenbearbeitungsprozess im Rahmen der Future Zone – vereinfachte Darstellung

Der Innovationsmanager ist direkt der Geschäftsführung unterstellt und berichtet an diese. Der Innovationsmanager fungiert aufgrund seiner hohen hierarchischen Stellung im Unternehmen als *Machtpromotor*.

> **Machtpromotoren** sind Personen, die ihre durch die Entscheidungs- und Weisungsrechte erlangte Machtstellung nutzen, um Innovationen durchzusetzen.

Diese Machtstellung muss stark genug sein, um Opponenten der Innovation zu sanktionieren und Innovationsbefürworter zu fördern und zu unterstützen, um so die Barrieren des Nicht-Wollens zu überwinden.

Durch diese organisatorische Struktur wird zum einen die Bearbeitung der Ideen beschleunigt und zum anderen verhindert, dass Erfolg versprechende Ideen von Opponenten leichtfertig abgelehnt werden.

Diese Opponenten sind häufig die direkten Vorgesetzten von Ideengebern – also Führungskräfte einer Einheit oder Leiter des Geschäftsbereichs. Sie haben kein Interesse an Innovationen, da ihr Hauptaugenmerk auf die Erfüllung von Zielvorgaben im Rahmen des Tagesgeschäfts gerichtet ist und sie den mit Innovationen verbundenen Aufwand scheuen.

Die Aufgabe des Innovationsmanagers besteht zunächst darin, eine erste Bewertung der eingegangenen Kundenidee vorzunehmen und Rückfragen zu klären.

Wird die Idee nach einer ersten Prüfung nicht herausgefiltert, so leitet er die Idee an geeignete **Spezialisten** weiter. Spezialisten sind Mitarbeiter oder Führungskräfte aus den entsprechenden Fachbereichen, die die Idee überprüfen, bewerten und eine Empfehlung für das weitere Vorgehen abgeben.

Danach verfügt der Innovationsmanager über die notwendigen Informationen, um anhand der Empfehlung der Spezialisten eine bestmögliche Selektion von Erfolg versprechenden Kundenideen treffen zu können. Dadurch können die begrenzten Ressourcen optimal zugeordnet und somit die Voraussetzungen für erfolgreiche Innovationen geschaffen werden.

Die selektierten Ideen werden danach aufbereitet und an den Innovationszirkel weitergeleitet. Diese Einrichtung übernimmt die Rolle eines Entscheidungsgremiums. In dem Zirkel sind alle relevanten Abteilungen und die Geschäftsführung vertreten. Er ist in letzter Instanz für die Entscheidung, ob die vorgelegten Ideen umgesetzt werden oder nicht, verantwortlich und tagt zu diesem Zweck in regelmäßigen Abständen, um Innovationsprojekte zu erörtern und zu koordinieren.

Wird die Umsetzung einer Idee beschlossen, so ernennt der Innovationszirkel einen Umsetzungsverantwortlichen. Dies ist ein Mitarbeiter des betreffenden Fachbereichs, der mit der Umsetzung der Idee betraut wird. Er wird von der Geschäftsführung mit den dafür notwendigen Mitteln ausgestattet und berichtet über den Fortgang des Innovationsprojekts.

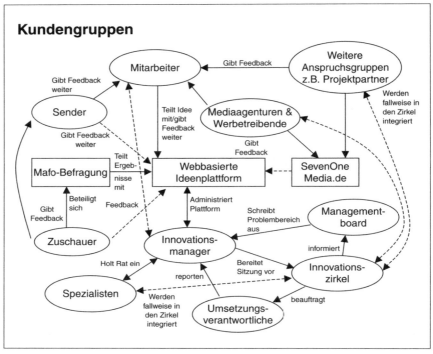

Abbildung 39: Organigramm des Future-Zone-Projekts

2.2.3 Beeinflussung der Unternehmenskultur bei der Implementierung der Future Zone

Einführung der Future Zone

Für den Erfolg eines jeden Projekts ist die Einführung ein entscheidender Faktor. Zum einen muss man sich mit dem Phänomen des Widerstands gegen Veränderung bei Organisationen auseinander setzen. Zum anderen gilt auch hier das Sprichwort: „You never get a second chance to make a first impression."

Es gilt also zunächst die Frage zu klären, warum Mitarbeiter vor Veränderungen zurückschrecken. Oder anders formuliert: Wie kann die Bereitschaft einer Organisation, Neues zu beginnen, unterstützt werden? Diese Frage wirft zwei Aspekte auf:

- zum einen die Bereitschaft, ein neues Tool mit neuen Prozessen und neuen organisatorischen Abläufen zu akzeptieren und zu nutzen;
- zum anderen die Bereitschaft, durch die Nutzung des Tools Innovationen zu schaffen.

Prägnanter formuliert müssen bei der Einführung der Future Zone *die Akzeptanz des Tools* und *die allgemeine Bereitschaft* (mithilfe des Tools) *zu innovieren* gefördert werden.

Förderung der Akzeptanz des Tools

Prinzipiell sind bei der Veränderung im Rahmen von Organisationen drei Aspekte zu berücksichtigen:

- **Motivationale Aspekte:** man akzeptiert eher das, was man selbst mitgestaltet und kontrolliert hat.
- **Kognitive Aspekte:** man will rechtzeitig informiert werden, um sich auf Veränderungen einstellen zu können.
- **Qualitative Aspekte:** man hat das Gefühl, dass durch die eigene Mitwirkung die Qualität der getroffenen Entscheidung oder der umzusetzenden Maßnahmen erhöht wurde.

Die Berücksichtigung der motivationalen und qualitativen Aspekte erfolgt durch einen Grundsatz der Partizipation. Dieser besagt, dass man den Mitarbeitern das Gefühl geben muss, Veränderungsprozesse selbst mitzugestalten. Die Widerstände gegen Veränderungen werden verringert, wenn man über die Veränderung selbst entscheiden konnte oder zumindest am Entscheidungsprozess beteiligt war.

Der Grundsatz der Partizipation zur Vermeidung von Widerständen wurde im Rahmen des Future-Zone-Projektes dementsprechend umgesetzt. Vertreter aller Abteilungen wurden schon während der Analysephase berücksichtigt und bei der Entwicklung miteinbezogen. Die Entscheidung für die Future Zone wurde im Rahmen einer Präsentation vor Vertretern aller Abteilungen zur Diskussion gestellt und verabschiedet. Das Future-Zone-Projekt wird also vom gesamten Unternehmen getragen. Was so auch kommuniziert worden ist.

Dieselbe Vorgehensweise wurde bei der Entwicklung des Tools zu Grunde gelegt. Auch hier bestand das Projektteam, das die Möglichkeit zur Einflussnahme bei der Gestaltung des Tools hatte, aus Vertretern aller Abteilungen des Unternehmens. Neben der bereits angesprochenen Verringerung von Widerständen bei der Einführung hatte diese Maßnahme den Nebeneffekt, dass durch die Integration aller Abteilungen die Qualität des Tools deutlich verbessert werden konnte.

Auch dem kognitiven Aspekt zur Verringerung von organisationalen Widerständen wurde bei der Einführung der Future Zone Rechnung getragen. Die Problematik kognitiver Aspekte beruht auf der Unsicherheit aufgrund von fehlender Information über die Zukunft.

> „Verunsicherung entsteht, wenn man nicht weiß, was auf einen zukommt, wenn man die Kontrolle über die eigene Situation zu verlieren glaubt. Rechtzeitige Information über das, was auf die Betroffenen zukommt, ist also ratsam."
>
> Rosenstiel 1998

Um die Mitarbeiter umfassend und rechtzeitig über die Einführung und Funktionsweise der Future Zone zu informieren, wurden für alle 360 Mitarbeiter der SevenOne Media und der SevenOne Interactive Workshops durchgeführt.

In diesen vierstündigen Workshops wurde die Funktion und Nutzung der Future Zone erklärt, die Bedeutung der mittelbaren Kundenintegration über die Future Zone herausgestellt, ein – im Rahmen der Marktgegebenheiten der SevenOne Media – einheitliches Innovationsverständnis erläutert und die Einbettung der Future Zone in die Gesamtstrategie der Seven One Media dargelegt.

Förderung der Kultur im Sinne der Innovationsbereitschaft

Die Förderung der Innovationsbereitschaft aller Mitarbeiter ist sehr viel schwieriger zu managen und zu operationalisieren, als dies bei der Förderung der Akzeptanz der Future Zone selbst der Fall ist. Schließlich geht es bei der Innovationsbereitschaft einer Organisation in hohem Maße um die Aspekte einer innovationsfördernden Unternehmenskultur.

Ziel der Umorientierung der Unternehmenskultur im Sinne einer innovationsfördernden Organisation muss es demnach sein, eine größere Offenheit für Innovationen quer durch alle Funktionsbereiche und Hierarchieebenen zu erzeugen. Man muss die Tugenden einer wohlgeordneten Welt der Wiederholungsaufgaben mit den Vorzügen einer kreativen und änderungsbereiten Einstellung gegenüber der Einmaligkeit von Innovationen verbinden. In einer derartigen Kultur soll vor allem der Widerstand gegen neue Ideen, Produkte und Prozesse geringer sein.

Um eine Wandlung der Unternehmenskultur im positiven Sinne zu beeinflussen, konnten im Rahmen des Future-Zone-Projekts folgende Aspekte umgesetzt werden:

- das klare Bekenntnis der Geschäftsleitung zu Innovationen und der Future Zone;
- die Verankerung der angestrebten Innovationsführerschaft in den Unternehmenszielen und schließlich
- die Einführung der Future Zone selbst.

Was die Chefetage nicht unterstützt und vorlebt, wird auch im Unternehmen einen schweren Stand haben. Somit übt das klare Bekenntnis der Geschäftsleitung zur Future Zone einen positiven Einfluss auf das Verhalten der gesamten Organisation und deren Mitglieder aus.

Die Verankerung von Innovationszielen in den Unternehmensgrundsätzen stellt darüber hinaus einen notwendigen formalen Schritt dar, der Förderung einer innovativen Kultur schriftlich fixiert und auf eine Ebene mit den finanziellen und sonstigen Zielen der Unternehmung stellt.

Schließlich ist davon auszugehen, dass die Future Zone selbst durch ihre reine Existenz einen positiven Einfluss auf die Unternehmenskultur ausübt. Zum einen fördert die Future Zone die abteilungsübergreifende Kommunikation und somit die Offenheit der Mitarbeiter untereinander. Zum anderen wird den Mitarbeitern signalisiert, dass Ideen willkommen sind, sie sich besser in das Unternehmen einbringen und durch ihr Engagement etwas erreichen können.

Auswirkung von Kommunikationsmaßnahmen

Als zwingende Voraussetzung für die Teilnahme an der Future Zone bedarf es der Kenntnis der Mitarbeiter über die Existenz der Future Zone. Es besteht die Gefahr, dass ein Ideenmanagement-System „... versandet, wenn nicht ständig daran erinnert, darüber berichtet und dafür geworben wird." (Bumann (1991), Vorschlagswesen, S. 232)

Die Future Zone muss den Mitarbeitern also im Bewusstsein verankert und insbesondere im Falle einer Kundenidee präsent sein. Es wurden demnach zahlreiche Kommunikationsmaßnahmen entwickelt und basierend auf den Vorschlägen die Entscheidung getroffen, ein Plakat zu realisieren und einen Ideenwettbewerb zu initiieren.

Zusätzlich soll demnächst ein Newsletter vierteljährig den Mitarbeitern aktuelle Informationen zu den bisher eingereichten und realisierten Kundenideen liefern und darüber hinaus Success-Stories bereits eingereichter und realisierter Ideen darstellen.

Im Folgenden wird anhand von Kennzahlen dargestellt, welche Auswirkungen die unterschiedlichen Kommunikationsmaßnahmen auf die Nutzung der Future Zone haben. Bei der Durchführung der Kommunikationsmaßnahme wurden die User-, Ideen- bzw. Beteiligungsquote betrachtet. Analysiert wurde jeweils die Auswirkung der Kommunikationsmaßnahme in der Woche, in der sie durchgeführt wurde. Es konnte festgestellt werden, dass beide Kommunikationsmaßnahmen die User-, Ideen- bzw. Beteiligungsquote positiv beeinflussen konnten:

Auswirkung auf ...		Analysekriterium	⌀	Ideenwett-bewerb	Plakat
Userquote	Logins	Anzahl der Logins pro Woche	25,9	44	27
		prozentuale Veränderung zum ⌀		+70%	+4,4%
	User	neue User pro Woche	6,78	7	9
		prozentuale Veränderung zum ⌀		+3,2%	+32,7%
Ideenquote	Ideen	neue Ideen pro Woche	1,41	+466% (+41%)	2
		prozentuale Veränderung zum ⌀		8 (2)	+41%
Beteiligungsquote	Ideen-geber	neue Ideengeber pro Woche	0,96	6 (1)	2
		prozentuale Veränderung zum ⌀		+515% (+2,5%)	+2,5%

Abbildung 40: Auswirkung der Kommunikationsmaßnahmen

Die Ergebnisse zeigen, dass beide Kommunikationsmaßnahmen die Werte steigern konnten. Setzt man die beiden Maßnahmen jedoch in einen direkten Vergleich, so wird ersichtlich, dass beide Maßnahmen in bestimmten Disziplinen Vorzüge besitzen. Während die Plakataktion insbesondere neue User akquiriert, liegen die Qualitäten des Ideenwettbewerbs primär in der Steigerung der Anzahl der getätigten Logins sowie der eingereichten Ideen. Der zeitliche Verlauf der Logins und der eingereichten Ideen wird in folgender Abbildung verdeutlicht:

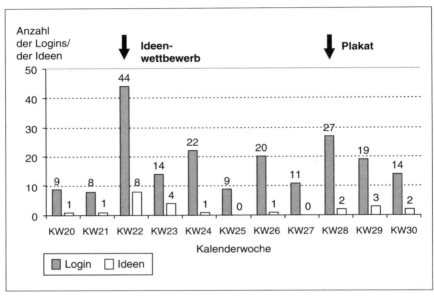

Abbildung 41: Beeinflussung der Nutzungsintensität

Zusammenfassend kann festgehalten werden, dass Kommunikation und Bekanntmachung erfolgreiche Maßnahmen zur Förderung der Future Zone im Unternehmen darstellen. Diese Maßnahmen dürfen jedoch keine Eintagsfliegen bleiben. Sie müssen kontinuierlich fortgesetzt werden, um einen langanhaltenden Erfolg zu gewährleisten.

2.3 Bewertung

2.3.1 Auswertung der Teilnahme

Seit der Freischaltung der Future Zone haben mehr als ein Drittel der Mitarbeiter die Future Zone besucht (Nutzungsquote 38 Prozent), wobei sechs Prozent der Mitarbeiter bereits eine oder mehrere Ideen eingereicht haben. Es konnte ein großer Anteil der Nutzer identifiziert werden, die sich nur gelegentlich in die Future Zone einloggen (bis zu einem Login pro Monat), wohingegen ein geringerer Anteil bis zu 16 Logins pro Monat tätigt (siehe Abbildung 42, Seite 126).

Betrachtet man nur die Nutzungsintensität der Future Zone, so kann eine Nutzungsquote von 38 Prozent in dem zugrunde liegenden Zeitraum von gut fünf Monaten als Erfolg angesehen werden.

Bisher wurden in der Future Zone von 22 Ideengebern 34 Ideen eingereicht und eine Ideenquote von 8,83 erreicht, die leicht über dem deutschen Durchschnitt der „Nicht-Industrie" von 7,69 liegt.

Obwohl die Future Zone Erfolge hinsichtlich der eingereichten Ideen und der Beteiligungsquote aufweisen kann, zeigt sich auch das Problem einer abflauenden Nutzung. Nach der starken Beteiligung zu Beginn hat die Nutzung zwar nachgelassen, aber sich dennoch auf einem moderaten Niveau stabilisiert.

Es erscheint nachvollziehbar, dass nur durch eine intensive und andauernde Nutzung der Future Zone der Innovationserfolg nachhaltig beeinflusst werden kann. Deswegen wurden Anstrengungen unternommen, um neben der Userquote auch die Ideen- und Beteiligungsquote zu steigern. Die Messung des Erfolgs dieser Maßnahmen wird im Folgenden dargestellt.

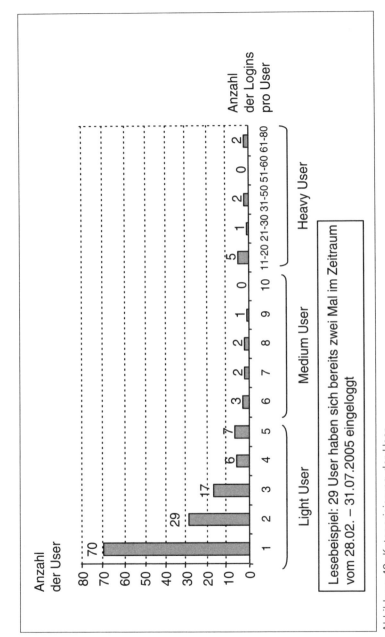

Abbildung 42: Kategorisierung der User

2.3.2 Anreize zur Nutzung der Future Zone

Um Aufschluss über die Anreizstruktur der Mitarbeiter zu bekommen, wurden die zentralen Motive der Beteiligung an der Future Zone abgefragt. Es zeigte sich, dass die Mitarbeiter in hohem Maße intrinsisch motiviert sind und das Motiv „Realisierung der Idee" am wichtigsten einschätzten, während monetäre extrinsische Anreize weniger motivierend wirken. Auffallend bei dieser Untersuchung war, dass als Hauptmotiv der Ideengeber die „Realisierung der Idee" identifiziert werden konnte, wobei Mitarbeiter, die bisher noch nicht die Future Zone genutzt hatten, bessere Aufstiegschancen als zentrales Motiv zur Abgabe von Ideen in der Future Zone nannten.

Anreiz zur Ideenabgabe in der Future Zone	Ø
Realisierung der Idee	2,83
Aufstiegschancen verbessern	3,58
Zukunft des Unternehmens sichern	3,92
Anerkennung von Vorgesetzten/Geschäftsleitung	4,83
Monetäre/materielle Anreize	5,34
Anerkennung von Kollegen	6,92

Abbildung 43: Motivstruktur zur Abgabe von Ideen in der Future Zone

2.3.3 Integration der Kunden durch die Future Zone

Anhand einer konkreten Fallstudie wird im Folgenden dargestellt, wie die Future Zone dazu beitragen konnte, Kundeninnovationen in die Tat umzusetzen.

> „Ideas derived from customers were the big winner."
> (New Product Success 1993)

Wie anfangs bereits dargestellt, lassen sich die Kunden der SevenOne Media GmbH in Agenturen und werbetreibende Unternehmen aufteilen. Durch die im B2B-Bereich überschaubare Anzahl der Kunden erfolgt die kontinuierliche Betreuung durch einen persönlichen Ansprechpartner. Den Kunden wird die Abgabe von Verbesserungsvorschlägen und Ideen erleichtert, indem sie in persönlichen Gesprächen mit dem Kundenberater diese äußern und somit deren Input in das Unternehmen bzw. in die Future Zone getragen wird. Dies wird auch im folgenden Beispiel verdeutlicht:

Beispiel

In einem direkten Kundengespräch zwischen dem Kundenbetreuer und einer großen deutschen Brauerei wurde eine kundeninitiierte Idee für ein neues Vermarktungskonzept hervorgebracht. Diese wurde von dem Kundenbetreuer an den relevanten Sachbearbeiter zur Prüfung und Weiterentwicklung eingereicht. Da es sich um eine umfangreiche Idee handelte, mussten mehrere Abteilungen integriert und die diesbezüglich Verantwortlichen gefunden werden. Dies führte zu erheblichen Verzögerungen, da die Verantwortungsbereiche aller Kollegen dem Bearbeiter der Idee nicht bekannt waren und somit das Auffinden der notwendigen Ansprechpartner erschwert wurde. Zudem hat aufgrund der niedrigen hierarchischen Stellung des Bearbeiters die Idee nur geringe Beachtung bei den Verantwortlichen erfahren, wodurch der Realisierungsprozess erneut verzögert wurde.

„Wir haben versucht, über die normalen Wege, also direkt mit den entsprechenden Fachabteilungen oder Fachvorgesetzten sich mal auseinander zu setzen. Das war sehr mühsam, da es nur sehr schleppend voranging. Dann wurde die Future Zone angekündigt. Wir haben dann auf dieser Plattform die vom Kunden initiierte Idee platziert, mit dem Ziel, einen gewissen Druck aufzubauen und zu verhindern, dass die zuständigen Stellen es totschweigen. Es gibt so einige Opponenten hier im Unternehmen. Wir wollten damit erreichen, dass eine endgültige Entscheidung getroffen wird und es einfach mal voran geht."

Die Idee wurde vom zentralen Ideenmanager direkt an die verantwortlichen Stellen zur Begutachtung und Prüfung weitergeleitet. Aufgrund der hohen Ansiedlung der Future Zone innerhalb der Unternehmenshierarchie wurde der notwendige Druck ausgeübt, um die Bearbeitung zu beschleunigen. Somit konnte dem Kunden ein auf seiner Idee aufbauendes und nach seinen Bedürfnissen gestaltetes Vermarktungskonzept angeboten werden.

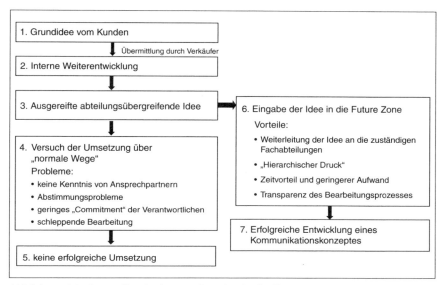

Abbildung 44: Case: Kundenintegration durch die Future Zone

Es wurde darüber hinaus beleuchtet, inwieweit externe Kunden überhaupt Impulse für neue Ideen geben.

Die Mitarbeiter der SevenOne Media gaben an, dass oftmals Ideen von externen Kunden an sie herangetragen werden und diese für das Unternehmen von großer Bedeutung sind. Die Ideen wurden jedoch nur in seltenen Fällen auch in die Future Zone getragen.

Als Ursache für dieses Verhalten sind zwei Gründe zu nennen. Zum einen handelt es sich oft um geringfügige Verbesserungsvorschläge, die sich schnell realisieren lassen und keiner Weiterentwicklung bedürfen. Zum anderen herrscht bei den Mitarbeitern ein noch zu geringes Bewusstsein vor, auch von Kunden initiierte Ideen in die Future Zone einbringen zu dürfen.

Da jedoch eine generelle Bereitschaft vorhanden ist, den Kundeninput in die Future Zone einzutragen, sollte mit den Kommunikationsmaßnahmen das Bewusstsein hierfür bei den Mitarbeitern geschaffen werden. Prinzipiell stellt die Future Zone eine geeignete Möglichkeit dar, die Kundenintegration in der frühen Phase des Innovationsprozesses zu steigern und somit den Innovationserfolg der SevenOne Media GmbH zu fördern.

In der Untersuchung konnte festgestellt werden, dass die Future Zone zu einer stärkeren Integration der externen Kundengruppen in Innovationsprozesse beiträgt. Jedoch konnte das gesamte Potenzial der Integration bisher noch nicht vollständig ausgeschöpft werden. Die Hauptursache hierfür besteht in dem noch nicht ausgeprägten Bewusstsein der Mitarbeiter, von Kunden initiierte Ideen auch in die Future Zone hineinzutragen.

Mit dem Future-Zone-Projekt wurden die technologischen und organisatorischen Voraussetzungen geschaffen, um Kundeninnovationen in das Unternehmen zu tragen. Dennoch stellt die nachhaltige Veränderung von Verhaltensroutinen weiterhin die größte Herausforderung dar. Dieser Herausforderung ist bereits mit verschiedenen Maßnahmen entgegengetreten worden. Man muss sich jedoch über eines immer bewusst sein: Die Aufgabe Innovativität und Kundenorientierung in die Köpfe und Herzen der Mitarbeiter zu tragen, ist nie ganz abgeschlossen.

2.4 Empfehlung

Als Fazit lassen sich folgende Ergebnisse zusammenfassen, um das gesamte Potenzial der Future Zone auszuschöpfen und den Erfolg langfristig zu sichern.

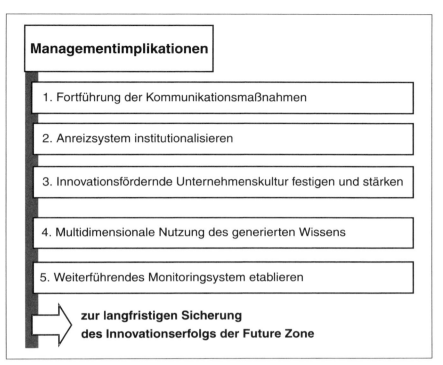

Abbildung 45: Managementimplikationen

2.4.1 Interne Kommunikationsmaßnahmen durchführen

Unternehmensinterne Systeme, die nicht im Alltagsgeschäft Anwendung finden, sind oftmals der Gefahr ausgesetzt, nach kurzer Zeit in Vergessenheit zu geraten und demzufolge früher oder später eingestellt zu werden. Deshalb stellen Präsenz und Akzeptanz der Future Zone die zentralen Faktoren des langfristigen Erfolgs dar.

Um dieser Herausforderung gerecht zu werden, bedarf es kontinuierlich durchgeführter Kommunikationsmaßnahmen, die zum einen die zentralen Vorteile der Future Zone darstellen und zum anderen die Existenz des Systems in Erinnerung rufen. Wie in der Evaluierung der Nutzungsintensität gezeigt, konnte der Einsatz der Kommunikationsmaßnahmen die Ideen- sowie Beteiligungsquote deutlich steigern.

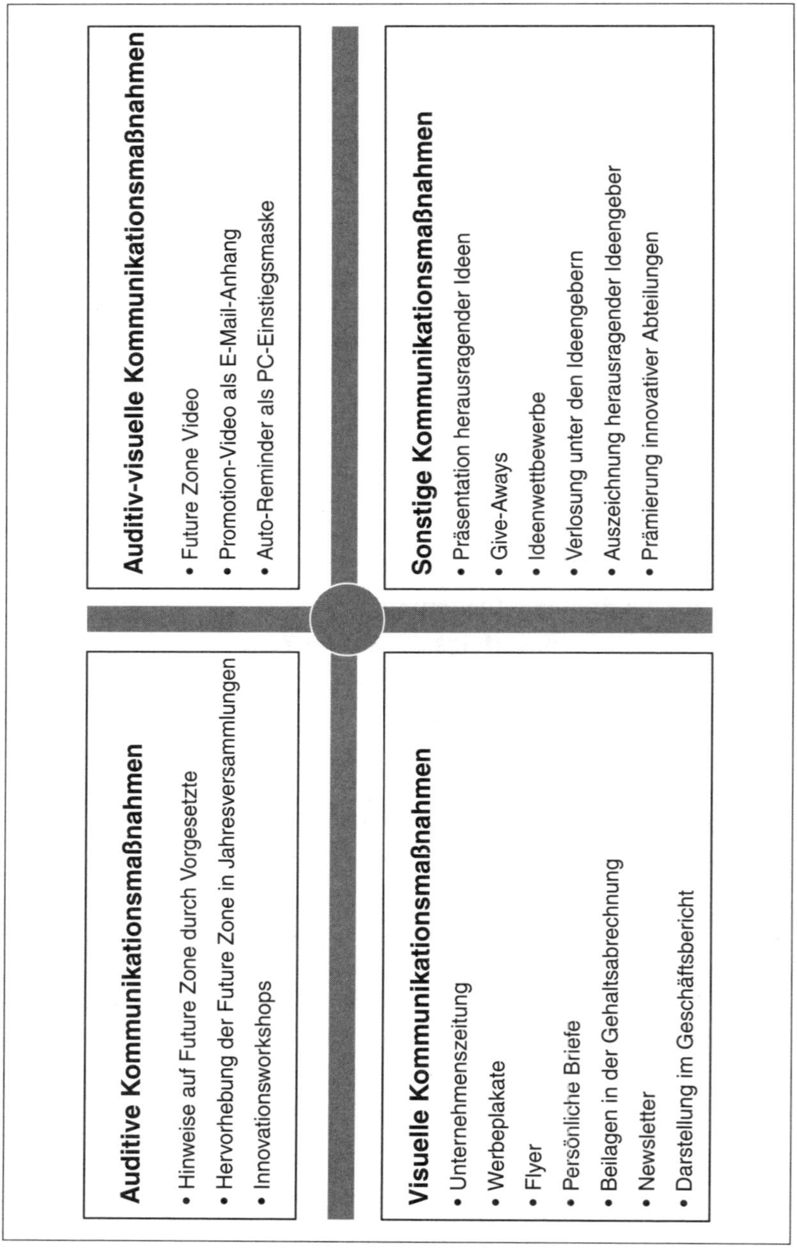

Auditive Kommunikationsmaßnahmen

- Hinweise auf Future Zone durch Vorgesetzte
- Hervorhebung der Future Zone in Jahresversammlungen
- Innovationsworkshops

Auditiv-visuelle Kommunikationsmaßnahmen

- Future Zone Video
- Promotion-Video als E-Mail-Anhang
- Auto-Reminder als PC-Einstiegsmaske

Visuelle Kommunikationsmaßnahmen

- Unternehmenszeitung
- Werbeplakate
- Flyer
- Persönliche Briefe
- Beilagen in der Gehaltsabrechnung
- Newsletter
- Darstellung im Geschäftsbericht

Sonstige Kommunikationsmaßnahmen

- Präsentation herausragender Ideen
- Give-Aways
- Ideenwettbewerbe
- Verlosung unter den Ideengebern
- Auszeichnung herausragender Ideengeber
- Prämierung innovativer Abteilungen

Abbildung 46: Kommunikationsmaßnahmen für Ideenmanagementsysteme

Im Gegensatz zum Zeitpunkt der Kommunikation sollte hinsichtlich der Art der Kommunikation keine Kontinuität vorherrschen. Durch Abwechslung und Kreativität der Kommunikationsmaßnahmen kann die Wirkung deutlich verbessert werden. Im Folgenden ist ein Überblick über verschiedene Möglichkeiten von Maßnahmen dargestellt.

2.4.2 Anreizsystem institutionalisieren

Die Nutzung der Future Zone wird durch die Motivation der Teilnehmer bestimmt. Aufgrund der Erkenntnisse aus dem Future-Zone-Projekt, muss dem Streben der Mitarbeiter nach Selbstverwirklichung besondere Aufmerksamkeit geschenkt werden. Deshalb sollte ein Anreizsystem geschaffen werden, das unterschiedliche Anreiztypen berücksichtigt.

Wie die Ergebnisse der Evaluation gezeigt haben, stellt die Realisierung der Idee den wichtigsten Anreiz dar. Da dieser Anreiz auf die Befriedigung der Bedürfnisse nach Selbstverwirklichung abzielt, sollte die eingereichte Idee nicht voreilig abgelehnt, sondern umfassend geprüft und dem Ideeneinreicher die Chance gegeben werden, die Ideen nochmals zu überarbeiten. Im Falle einer endgültigen Ablehnung sollten die Gründe für den Einreicher nachvollziehbar sein. Langwierige Begutachtungsverfahren können sich sehr demotivierend auswirken. Zudem sollten die Ideengeber die Möglichkeit haben, ihre Ideen bei Bedarf persönlich den Gutachtern vorzutragen. Dies würde sich positiv auf die sozialstatusbezogenen Bedürfnisse auswirken.

Um eine gewisse Wertschätzung für die eingereichten Ideen zu demonstrieren, sollten realisierte Ideen in einem Newsletter vorgestellt und der Innovator beim Namen genannt werden. Es erscheint in diesem Kontext sinnvoll, wenn in dem Newsletter der Name des Ideengebers auch erwähnt wird, um seine Reputation zu fördern. Dies hätte nicht nur einen positiven Effekt auf den Ideengeber, sondern würde zudem auch anderen Mitarbeitern demonstrieren, dass es sich lohnt, Ideen in die Future Zone einzubringen.

Ein starkes Interesse des Top-Managements sowie Anerkennung und Lob der Vorgesetzten würden sich zudem positiv auf die intrinsische Motivation auswirken. Die jährliche Verleihung eines Innovationspreises oder die Teilnahme an jährlich stattfindenden Innovationsevents würde als Anerkennung für Ideen interpretiert werden.

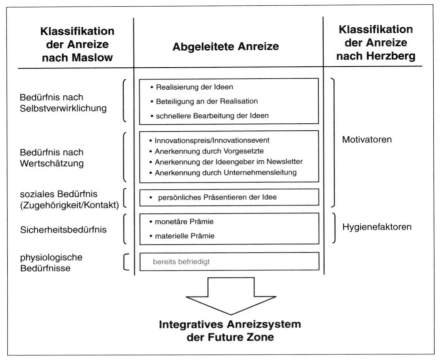

Abbildung 47: Ableitung des integrierten Anreizsystems

Schließlich sollten in einem integrativen Anreizsystem neben intrinsischen auch extrinsische Anreize in Form von monetären oder materiellen Anreizen enthalten sein. Monetäre Anreize werden von Ideengebern weder vernachlässigt noch als unbedeutend klassifiziert. Es herrscht Konsens über die grundsätzliche Notwendigkeit von materiellen extrinsischen Anreizen zur Befriedigung der Grundbedürfnisse.

Eine besondere Herausforderung in diesem Zusammenhang stellt die faire und nachvollziehbare Prämierung dar. Um der Vergabe von Prämien, die als ungerecht empfunden werden, vorzubeugen, bedarf es eines einheitlichen Bewertungssystems, das sich insbesondere durch Transparenz und Nachvollziehbarkeit auszeichnet. Demnach bietet sich für die Prämierung von Ideen mit monetär errechenbarem Nutzen ein Bewertungsverfahren an, das auf Prozentsätzen beruht. In Ergänzung dazu sollten Punkte-Bewertungsverfahren zum Einsatz kommen, sofern der Nutzen der eingereichten Idee nicht quantifizierbar ist.

Aufgrund der Verschiedenartigkeit der dargestellten Anreize ist davon auszugehen, dass durch die individuelle Ansprache von Motiven die Nutzung der Future Zone nachhaltig gesteigert werden kann.

2.4.3 Innovationsfördernde Unternehmenskultur festigen

Wie bereits dargestellt, stellt die Unternehmenskultur eine der Grundlagen für den Erfolg der Future Zone und den Innovationserfolg des Unternehmens dar. Verschiedene empirische Studien belegen, dass eine innovationsfördernde Unternehmenskultur den Innovationserfolg signifikant steigern kann.

Um konkrete und unternehmensspezifische Handlungsimplikationen ableiten zu können sollte jedoch zunächst der Status quo der Unternehmenskultur evaluiert werden.

Hierzu stehen verschiedene Erhebungsmethoden zur Verfügung, die an dieser Stelle nur exemplarisch genannt werden sollen:

- *Siegel Scale of Support for Innovation* (SSSI) von **Siegel** und **Maemmerer**
- *Creative Climate Questionnaire* (CCQ) von **Ekvall**
- *KEYS* Fragebogen von **Amabile**

Aus dem Ergebnis der Messung der Unternehmenskultur können Implikationen zur Schaffung einer innovationsfördernden Unternehmenskultur abgeleitet werden. Generell bieten sich die in Abbildung 48 (siehe Seite 136) dargestellten Handlungsimplikationen an.

Nicht nur die Unternehmenskultur kann sich positiv auf den Erfolg der Future Zone auswirken. Auch Erfolgsgeschichten, die aus der Future Zone hervorgebracht werden, können als Stimulation für eine innovationsfördernde Unternehmenskultur dienen. So sollten die eingereichten Ideen nicht nur zur Schaffung von neuen Innovationen verwendet werden, sondern als positive Spill-over-Effekte für sämtliche Innovationsaktivitäten und innovativen Denkweisen im Unternehmen angesehen werden.

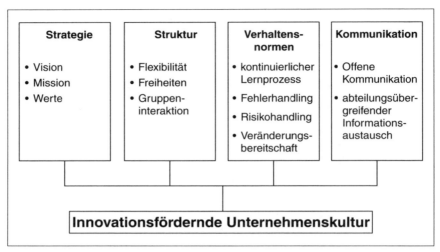

Abbildung 48: Faktoren für eine innovationsfördernde Unternehmenskultur
(Quelle: In Anlehnung an Martins/Terblanche (2003), S. 69f.)

2.4.4 Verwendung des generierten Wissens

Es erscheint des Weiteren sinnvoll, das in der Futur Zone generierte Wissen nicht nur eindimensional im Sinne des Innovationsmanagements zu verwenden, sondern eine ganzheitliche Nutzung der Ergebnisse zu ermöglichen. In diesem Zusammenhang spielen zwei Aspekte eine Rolle. Erstens die Nutzung der Future Zone über das Innovationsmanagement hinaus im Sinne eines ganzheitlichen Wissensmanagements und zweitens informationstechnologische Ansätze zur Nutzung der gesammelten Daten. Aus diesen Perspektiven ergeben sich folgende Implikationen für das Management:

► Das Wissen der Future Zone muss über Aspekte der Ideengenerierung und -umsetzung hinaus im Rahmen der formalen Kommunikationsstruktur unternehmensübergreifend und institutionalisiert einer breiten Mitarbeiterschaft zugänglich gemacht werden.

► Alle Kommunikationsstrukturen des Unternehmens müssen hinsichtlich ihrer Effizienz überprüft werden, um Information Overload zu vermeiden und eine Konzentration auf das Wesentliche zu bewerkstelligen.

▶ Bei der unternehmensinternen Betrachtung ist besonders das Wissen relevant, welches zur Prozesssteuerung und Koordination innerhalb des Unternehmens angewendet und kommuniziert werden kann. Dies erfordert eine systematische Erfassung von generiertem und akquiriertem Wissen über die Future Zone hinaus.

▶ Der Aspekt der informationstechnologischen Ansätze betrifft die Nutzung und weitere Ausgestaltung der vorhandenen künstlichen Informationsspeicher- und Informationsverarbeitungssysteme, die mit der Future Zone in Verbindung stehen. Diese eröffnen nicht nur im Rahmen der Ideengenierung und -umsetzung, sondern auch für das Wissensmanagement neue Möglichkeiten im Unternehmen. Ziel ist es, ein unternehmensweites, wissensorientiertes, integratives Netzwerk zu erhalten. Dadurch wird die Verknüpfung der Future Zone mit anderen IT-Systemen der Unternehmung notwendig.

2.4.5 Integratives Monitoringsystem etablieren

Um den Innovationserfolg ganzheitlich, abschließend und möglichst valide messen zu können, bedarf es der Identifikation von Erfolgsindikatoren und Messgrößen. Die folgenden Größen können Ideenmanagement-Systeme, Kundenintegrationsleistung oder das gesamte Innovationsmanagement umfassend evaluieren und deren Beitrag zum Unternehmenserfolg prognostizieren bzw. messen.

▶ **Userquote** (Anzahl der eingeloggten Teilnehmer/Anzahl aller potenziellen Teilnehmer)

▶ **Teilnehmerquote** (Anzahl der Ideengeber/Anzahl aller Teilnehmer)

▶ **Ideenquote** (Anzahl der eingereichten Ideen/Anzahl aller Teilnehmer)

▶ **Annahmequote** (Anzahl der angenommenen Ideen/Anzahl aller eingereichten Ideen)

▶ **Bearbeitungsdauer**

▶ **Realisierungsquote** (Anzahl der umgesetzten Ideen/Anzahl aller eingereichten Ideen)

▶ **Erfolgsquote** (Anzahl der erfolgreichen Innovationen/Anzahl der eingereichten Ideen)

Neben den Effektivitätsgrößen können auch Effizienzgrößen herangezogen werden. Die Herausforderung in der Messung liegt insbesondere in der Quantifizierung des Nutzens der eingereichten Idee.

- ▶ Monetärer Nutzen (Erträge durch die Future Zone/Aufwendungen für die Future Zone)
- ▶ Deckungsbeitrag der Future Zone
- ▶ Break-Even-Point-Berechnungen

Um die Aussagekraft der dargestellten Erfolgsgrößen zu maximieren, müssen die gemessenen Werte in Bezug zu weiteren Größen gesetzt werden. Unternehmensinterne Referenzwerte (Vergleich zum Vorjahr) sowie externe Referenzen (Branchendurchschnitt) sind hierfür am besten geeignet.

Zum einen können mittels der erhobenen Erfolgsgrößen mögliche Schwachstellen des Systems identifiziert und Interventionen abgeleitet werden. Zum anderen ermöglicht es ein umfassendes Controllingsystem, den Beitrag der Future Zone zum Unternehmenserfolg zu messen. Somit sollten die genannten Größen in das Innovations- und Unternehmenscontrolling mit einfließen, um zukünftige Potenziale des Unternehmens besser quantifizieren zu können.

2.5 Management Summary

Ziel des Future-Zone-Projekts war die Entwicklung eines Gesamtkonzepts basierend auf Technologie, Organisation und Kultur zur Integration von Kundenwissen in den Innovationsprozess eines B2B-Dienstleisters. Um die Möglichkeiten und Grenzen der Kundenintegration bei der SevenOne Media in den Innovationsprozess beurteilen zu können, müssen zwei Arten von Kunden unterschieden werden: interne sowie externe Kundengruppen.

Unter externen Gruppen sind Kunden zu verstehen, die in einem Nachfrageverhältnis zu den von der SevenOne Media GmbH angebotenen Leistungen stehen. Als interne Kunden werden Unternehmensmitglieder verstanden, die interne Leistungen von anderen Unternehmensmitgliedern empfangen; dies sind in erster Linie die Mitarbeiter. Sie sind eine der wichtigsten Quellen für Innovationen und darüber hinaus diejenigen, an die das innovationsspezifische Kundenwissen geleitet werden muss.

Die Integration der externen Kunden in die Future Zone erfolgt nicht über eine unmittelbare Teilnahme der Kunden, sondern indirekt über den persönlichen Ansprechpartner bei der SevenOne Media GmbH. Um diese Kundeninformationen effektiv in das Innovationsmanagement einzubinden, bilden die technologische, organisationale und kulturelle Verankerung der Future Zone die grundsätzlichen Voraussetzungen für den Erfolg des Projekts.

Im technologischen Kontext ist die Future Zone als Informations- und Kommunikationssystem konzipiert, das die Gestaltung neuer Dienstleistungen unterstützt. Den Mitarbeitern im Kundenkontakt wird eine Infrastruktur zur Verfügung gestellt, die es ihnen ermöglicht, Ideen von Kunden zu erfassen, mit Mitarbeitern und Spezialisten zu diskutieren und gezielt an die verantwortlichen Bereiche zur Weiterentwicklung und Realisierung weiterzuleiten.

Zur weiteren Bearbeitung sowie zur Durchsetzung der Ideen im gesamten Unternehmen wurde für die Future Zone in der Organisation die Funktion eines Innovationsmanagers institutionalisiert. Seine Machtstellung muss stark genug sein, um Opponenten von Innovationen zu sanktionieren und Innovationsbefürworter zu fördern und zu unterstützen.

Um eine Wandlung der Unternehmenskultur im positiven Sinne zu beeinflussen, konnten im Rahmen des Future-Zone-Projekts folgende Aspekte umgesetzt werden: das klare Bekenntnis der Geschäftsleitung zu Innovationen und der Future Zone sowie die Verankerung der angestrebten Innovationsführerschaft in den Unternehmenszielen.

Darüber hinaus wurden zahlreiche Kommunikationsmaßnahmen entwickelt und getestet. Es konnte festgestellt werden, dass durch Kommunikationsmaßnahmen die User-, Ideen- bzw. Beteiligungsquote positiv beeinflusst werden. Diese Maßnahmen dürfen jedoch keine Eintagsfliegen bleiben. Sie müssen kontinuierlich fortgesetzt werden, um einen lang anhaltenden Erfolg zu gewährleisten.

Betrachtet man abschließend die Nutzungsintensität der Future Zone, so kann eine Nutzungsquote von 38 Prozent in dem zugrunde liegenden Zeitraum von gut fünf Monaten als Erfolg angesehen werden. Bisher wurden in der Future Zone von 22 Ideengebern 34 Ideen eingereicht und eine Ideenquote von 8,83 erreicht, die über dem deutschen Durchschnitt der „Nicht-Industrie" von 7,69 liegt.

2.6 Literaturempfehlungen

Change Managment in Organisationen

Coch, L./French, J.R. (1948): Overcoming Resistance to Change, in: Human Relations, Vol. 1, Nr. 4, 1948, S. 512-532.

Nerdinger, Friedemann W. (1995): Motivation und Handeln in Organisationen: eine Einführung, Stuttgart.

Rosenstiel, v. L. (1998): Der Widerstand gegen Veränderung: Ein vielbeschriebenes Phänomen in psychologischer Perspektive, in: Innovationsforschung und Technologiemanagement, hrsg. v. N. Franke/C.-F. von Braun, 1998, S. 33-45.

Dienstleistungsinnovationen

Bullinger, H. J./Scheer, A. W. (Hrsg.) (2005): Service Engineering. Entwicklung und Gestaltung innovativer Dienstleistungen, München und Saarbrücken.

Cooper, Robert G./Kleinschmidt, Elko J. (1994): What Distinguishes the Top Performing New Products in Financial Services, in: Journal of Product Innovation Management, Vol. 11, S. 281-299.

Meyer, A./Blümelhuber, C. (1998): Dienstleistungsinnovation, in: Handbuch DL-Marketing, hrsg. v. Anton Meyer, Stuttgart, S. 812ff.

Ideenmanagementsysteme

Fiedler, W. R. (2001): Ideenmanagement – Mitarbeitervorschläge als Schlüssel zum Erfolg: Praxisbeispiele für das Vorschlagswesen der Zukunft, Landsberg/Lech.

Frey, D./Schulz-Hardt, S. (1999): Zentrale Führungsprinzipien und Center-of-Excellence-Kulturen als notwendige Bedingung für ein funktionierendes Ideenmanagement, in: Vom Vorschlagswesen zum Ideenmanagement – hrsg. v. Frey, Dieter/Schulz-Hardt, Stefan, Göttingen 2000.

Ilsemann, U./Wippermann, F. (2004): Nachhaltiges Ideenmanagement: Die Meister als „beratende Problemlöser", in: Ideenmanagement, 30., 3/2004, S. 126-133.

Innovationserfolg

Gruner, K. E./Homburg, C. (1999): Innovationserfolg durch Kundeneinbindung, in: Zeitschrift für Betriebswirtschaft – Ergänzungsheft 1/99, 69. Jg., 1999, S. 119-142.

Hauschildt, J. (1991): Zur Messung des Innovationserfolgs, in: Zeitschrift für Betriebswirtschaft, 61. Jg., 1991, S. 451-476.

Kuczmarski, T. D. (2000): Measuring Your Return on Innovation, in: MM, Spring 2000, S. 24-32.

Innovationskultur

Ernst, H. (2003): Unternehmenskultur und Innovationserfolg – Eine empirische Analyse, in: Zeitschrift für betriebswirtschaftliche Forschung, Vol. 55, Februar 2003, S. 23-44.

Martins, E.C./Terblanche, F. (2003): Building organisational culture that stimulates creativity and innovation, in: European Journal of Innovation Management, Vol. 6, 1/2003, S. 64-74.

Nütten, I./Sauermann, P. (1988): Die anonymen Kreativen – Instrumente einer innovationsorientierten Unternehmenskultur, Wiesbaden.

Innovationsmanagement

Christensen, C. M. (2000): The Innovator's Dilemma, New York.

Hauschildt, J. (2004): Innovationsmanagement, München.

Vahs, D./Burmester, R. (2002): Innovationsmanagement. Von der Produktidee zur erfolgreichen Vermarktung, Stuttgart.

form
Teil 3:
Was Sie bei der Integration von Kunden beachten sollten

1. Weitere Instrumente der aktiven Kundenintegration

Betrachtet man zusammenfassend die Projekte mi adidas-und-ich sowie die Future Zone von SevenOneMedia, so erkennt man, dass internetbasierte Ideenwettbewerbe und Vorschlagssysteme, die auf den Regeln eines Toolkits (vgl. S. 31 ff.) basieren, sehr praktikable Werkzeuge zur Integration von Kunden in den Innovationsprozess darstellen. Neben Ideenwettbewerben und Toolkits werden in der aktuellen Innovationsforschung zwei weitere Instrumente zur aktiven Kundenintegration diskutiert: die bereits kurz erwähnte **Lead-User-Methode** (vgl. S. 66 ff.) und **Communities** (= *virtuelle Gemeinschaften*). Beide Konzepte bauen wie der Ideenwettbewerb und das Toolkit auf einer partnerschaftlichen Kollaboration von Kunde und Unternehmen auf, verkörpern somit die Prinzipien einer echten Open Innovation. Grundsätzlich können die in der Literatur diskutierten und in der Praxis eingesetzten Kundenintegrationsinstrumente folgendermaßen beschrieben werden:

- **Ideenwettbewerbe** zielen auf die Generierung von Input für die frühen Phasen des Innovationsprozesses ab und fördern Kreativleistungen durch einen Wettbewerb zwischen verschiedenen Nutzern.

- **Toolkits** sind ein internetgestütztes Instrument, das Nutzer unterstützen soll, selbst ihre Bedürfnisse in neue Produktkonzeptionen zu übertragen.

- Die **Lead-User-Methode** basiert auf der Identifikation innovativer Nutzer und deren Einbindung in Innovationsworkshops.

- **Communities** zielen auf die kollaborative Generierung und Bewertung neuer Ideen in einer virtuellen Gemeinschaft ab.

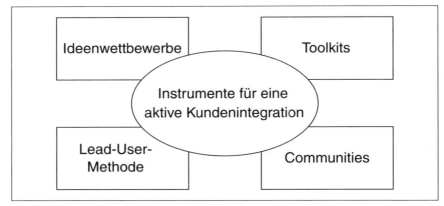

Abbildung 49: Instrumente für eine aktive Kundenintegration

Im Folgenden sollen die bislang nur kurz angesprochenen Instrumente Lead-User-Methode und Communities näher erläutert werden,

1.1 Lead-User-Methode

Die Lead-User-Methode ist eine qualitative, prozessorientierte Vorgehensweise, die auf die aktive Einbindung ausgewählter Kunden abzielt, um mittels dieser Ideen und Konzepte für Neuentwicklungen zu generieren. Den Kern der Methode bilden so genannte Lead-User-Workshops, die das kreative Kundenpotenzial durch Nutzung gruppendynamischer Effekte zu Tage fördern. Idealtypisch lässt sich die Methode in folgende vier Schritte unterteilen.

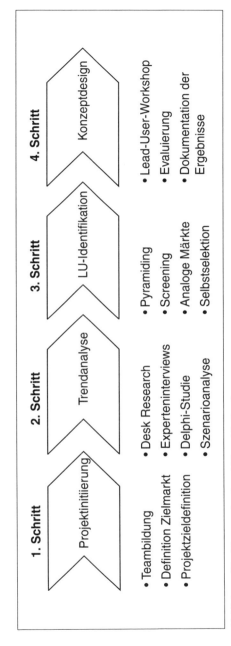

Abbildung 50: Phasen der Lead-User-Methode

Weitere Instrumente der aktiven Kundenintegration | **147**

Die ersten beiden Schritte sind dabei eher allgemeiner Natur und können als typische Ausgangsaktivitäten für ein Innovationsprojekt gesehen werden. Zentrale Phase ist die Identifikation von Lead Usern, wozu es verschiedene Methoden gibt. Die letzte Phase (gemeinsame Konzeptentwicklung von Herstellern und identifizierten Lead Usern) geht dagegen bereits von der Vorstellung einer engen Kollaboration von Kunden und Unternehmen aus, bei der eine innovative Problemlösung entwickelt wird.

1.1.1 Die vier Phasen der Lead-User-Methode

Phase 1: Projektinitiierung

Ein Unternehmen definiert in dieser Phase ein internes Team, das die Durchführung der Methode verantwortet. Wie für viele Aufgaben des Innovationsmanagements gefordert, sollte sich dieses Team interfunktional aus erfahrenen Mitarbeitern der Bereiche Forschung und Entwicklung, Fertigung sowie Marketing zusammensetzen. Bei der Auswahl der Teammitglieder ist insbesondere deren zeitliche Restriktion zu beachten. Fallstudien berichten von einem Arbeitsaufwand von ca. 20 Wochenstunden pro Teammitglied – bei einer Projektlaufzeit von vier bis sechs Monaten. Zunächst evaluieren die Teammitglieder durch Interviews mit den jeweiligen Entscheidungsträgern, welcher Produktbereich des Unternehmens sich in besonderem Maße für einen Einsatz der Lead-User-Methode eignet: Hierbei hat es sich bewährt, die Interviews auf Basis folgender Leitfragen zu führen:

- ▶ Besteht innerhalb eines Produktbereichs ein hoher Innovationsdruck?
- ▶ Ist der Produktbereich von der Methode überzeugt und bereit, zeitlichen und finanziellen Aufwand zu investieren?
- ▶ Sind dem Produktbereich bereits innovative Kunden bekannt oder existiert ein guter Zugang zur Kundenbasis?

Im Ergebnis erfolgt so die Auswahl eines Produktbereichs, in welchem die Methode zum Einsatz kommt.

Phase 2: Trendanalyse

Das Innovationsvorhaben aus Phase 1 wird nun einer Trendanalyse unterzogen, die dann in der nächsten Phase den Ausgangspunkt für die Identifikation potenzieller Lead User darstellt. Ein Trend bezeichnet eine erfassbare gesellschaftliche, wirtschaftliche oder technische Grundtendenz. Zur Identifikation solcher Trends stehen verschiedene Optionen zur Verfügung. Typischerweise erfolgt eine erste Trenddefinition durch Nutzung von Branchen- und Technologiereports, Veröffentlichungen externer Forschungseinrichtungen sowie Methoden der Interpolation und der historischen Analogie. Zudem können unternehmensinterne Experten im Bereich der Forschung und Entwicklung oder des Vertriebs erste Anhaltspunkte für sich abzeichnende Trends liefern. Weiterhin existiert für die Prognose von Trends eine Reihe von speziellen qualitativen Techniken wie die Delphi-Methode oder die Szenario-Analyse.

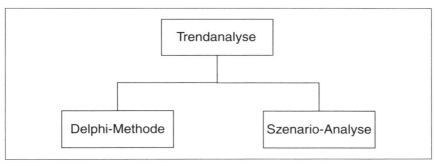

Abbildung 51: Methoden der Trendanalyse

Delphi-Methode

Die Delphi-Methode basiert auf einer strukturierten Gruppenkommunikation, um valide Zukunftsinformationen zu ermitteln. Ihr (sehr aufwändiges) Vorgehen basiert auf einer bereits in den 1960er Jahren entwickelten Befragungsmethode. Eine Fachkommission erarbeitet zunächst Thesen bezüglich der Existenz und der Entwicklung eines Trends im Zeitablauf. Diese Thesen werden dann in einen standardisierten Fragebogen übersetzt und einer Expertengruppe zur Beantwortung vorgelegt. In der Regel erfolgt kein Austausch unter den Experten, das heißt, jeder Experte gibt sein individuelles Urteil auf Basis seiner Erfahrung ab. Nach Auswertung der Expertenmeinungen in Form eines Mittelwertes über die Urteile aller Beteiligten wird dieses Ergebnis im Rahmen einer anonymisierten Rückmeldung nochmals den Experten vorgelegt und um ein erneutes Urteil gebeten. Auf diese Weise kommt es zur gezielten Auslösung kognitiver Prozesse und schließlich zu einer Verbesserung der Qualität der Ausgangsinformationen.

Szenario-Analyse

Den Ausgangspunkt der Szenario-Analyse bildet ein Trendszenario im Zeitablauf, das heißt eine prognostizierte Trendentwicklung unter der Prämisse stabiler externer Faktoren. Im Regelfall muss jedoch davon ausgegangen werden, dass sich Umweltbedingungen und somit auch der prognostizierte Trend im Zeitablauf ändern. Dies berücksichtigt die Szenarioanalyse durch die Identifikation negativer und positiver Extremszenarios. Zunächst gilt es, die Gesamtheit an Faktoren zu ermitteln, welche Einfluss auf den untersuchten Trend haben. In einer Einflussanalyse wird nun mit einer Vernetzungstabelle („Einflussmatrix") untersucht, wie sich die einzelnen Faktoren wechselseitig beeinflussen. In einem nächsten Schritt erfolgt die Ermittlung möglicher Ausprägungen dieser Faktoren, zum Beispiel durch den Einsatz eines morphologischen Kastens. Die Kombination dieser Faktorausprägungen spiegelt dann unterschiedliche Szenarien wider. Diese werden im Anschluss auf logische Konsistenz der Ausprägungen geprüft und aufgrund ihrer Ähnlichkeit oder Bedeutung komprimiert. Im Ergebnis entstehen so Trendszenarien in einem Intervall, das durch ein positives und negatives Extremszenario begrenzt wird.

Es sei an dieser Stelle angemerkt, dass es sich bei der Vorhersage eines Trends stets um eine Prognose handelt. Zwischen der Prognose und dem tatsächlich eintretenden Ereignis bestehen stets Abweichungen. Um den Prognosefehler jedoch zumindest zu minimieren, erfordert die Trendprognose besondere Sorgfalt, Aufmerksamkeit und Methodenwissen. Phase 1 und 2 bilden den Anfangspunkt vieler Maßnahmen des Innovationsmanagements. Sie sind aber vor allem im Zusammenhang mit der Lead-User-Methode sehr wichtig – und deshalb durch das gleiche Team auszuführen, das auch für die folgenden Schritte verantwortlich ist, damit die Beiträge und Ideen der Lead User in einem der Situation des Unternehmens angemessenen Kontext interpretiert werden können.

Phase 3: Identifikation von Lead Usern

Bisher wurde das Innovationsvorhaben konkretisiert und einer Trendanalyse unterzogen. Es gilt nun, innovative Nutzer zu identifizieren, die die festgelegten Trends anführen, um diese in der nächsten Phase im Rahmen eines Workshops in den Innovationsprozess zu integrieren.

Wie bereits erwähnt, sind nicht alle potenziellen Kunden bzw. Nutzer einer Leistung in der Lage, innovatives Verhalten zu entwickeln und eigenständige Innovationsideen und -konzepte hervorzubringen. Die zentrale Herausforderung ist somit, die Charakteristika innovativer Kunden an der Grundgesamtheit aller potenziellen Kunden zu spiegeln, um auf diese Weise innovative von weniger innovativen Kunden zu trennen. Ein solches Vorgehen setzt jedoch voraus, dass das Unternehmen die zukünftige Grundgesamtheit potenzieller Kunden des Innovationsvorhabens kennt. Tendenziell ist dies umso unwahrscheinlicher, je höher der Neuheitsgrad einer Innovation ist. Speziell bei radikalen Innovationen und Marktinnovationen ist die Definition der Grundgesamtheit oft schwierig. Ferner zeigt sich, dass innovative Kunden nicht nur im eigentlichen Zielmarkt des Innovationsvorhabens existieren, sondern auch in so genannten „analogen Märkten".

Analoger Markt

Ein analoger Markt ähnelt dem Zielmarkt hinsichtlich der Nachfragerbedürfnisse bzw. der eingesetzten Technologie, gehört aber oft einer völlig anderen Branche an. Gerade Lead User aus einem solchem Markt können zum Erfolg eines Innovationsprojekts entscheidend beitragen. So kamen bei einem Workshop zur Entwicklung eines neuartigen Knieschutzes für Sportler viel versprechende Anregungen von einem Fliesenleger, der tagtäglich zur Ausübung seines Berufes mit solchen Protektoren zu tun hat. Bei einem Lead-User-Workshop zu neuartigen hygienischen Chirurgieprodukten wurden auch Experten aus der Halbleiterproduktion eingeladen. Schließlich müssen in den Reinräumen der Chipfabriken ähnliche Bedingungen wie im Operationssaal erfüllt werden (Keim- bzw. Partikelfreiheit).

Als weiteres Beispiel kann ein Lead-User-Projekt zu „Medical Imaging" (Erkennung von kleinsten Tumoren) genannt werden. Im Suchprozess wurden nicht nur führende Radiologen, sondern auch Experten aus dem Militärbereich als Lead User einbezogen. Zur Identifikation kleinster Teile (z.B. Waffen) auf Satellitenaufnahmen wird im militärischen Bereich eine Software zur Mustererkennung eingesetzt, mit der auch bei schlechten Auflösungen sehr gute Ergebnisse erzielt werden können. Dieser Ansatz der Mustererkennungssysteme war für das „Medical Imaging" völlig neu, weil dort zuvor primär an einer Erhöhung der Auflösung gearbeitet worden war.

Personen aus einem analogen Markt verfügen nicht nur über tiefgehendes Spezialwissen, sondern betrachten Fragestellungen meist auch aus einem anderen Blickwinkel. Experten im eigenen Feld neigen häufig zu „Betriebsblindheit", da sie sich mit einer Sache in manchen Fällen schon seit Jahren beschäftigen und alternative Ideen entweder nicht erkennen oder ablehnen. Dieses auch als „functional fixedness" bezeichnete Verharren im Bewährten kann durch Input von außen, beispielsweise durch Experten aus analogen Märkten, aufgebrochen werden.

Methodisch steht einem Unternehmen eine Reihe von Möglichkeiten zur Verfügung, innovative Kunden zu identifizieren. Wie in den Ausführungen zum mi adidas-und-ich-Projekt gezeigt, kann der Ideenwettbewerb als eine Methode gesehen werden. Da der Ideenwettbewerb jedoch bereits ausführlich erläutert wurde, soll im Folgenden näher auf die bislang nur kurz erwähnten Verfahren „Screening" und „Pyramiding" eingegangen werden.

▶ Beim **Screening** werden Charakteristika innovativer Kunden in einen Fragebogen übersetzt, der einer repräsentativen Stichprobe bzw. der Grundgesamtheit zur Beantwortung vorgelegt wird. Die Selbstauskunft der Probanden über ihre Eignung für eine Teilnahme an der jeweiligen Innovationsaufgabe dient dann als Entscheidungsgrundlage für die Auswahl innovativer Kunden.

▶ **Pyramiding** beruht auf der Existenz von sozialen Netzwerken (z. B. Online-Community zum Thema „Kitesurfen"). Den Ausgangspunkt bildet die Befragung eines beliebigen Mitglieds dieses Netzwerks in Bezug auf die Empfehlung einer Person, welche hinsichtlich der Charakteristika innovativer Kunden aus Sicht des Befragten qualifiziert ist. Auf diese Weise entsteht ein „Schneeballeffekt" und man tastet sich sequenziell an die innovativsten Teilnehmer des Netzwerks heran.

Während die Suchtechnik des Screening eine Parallelsuche darstellt, handelt es sich bei Pyramiding um eine sequenzielle Suche. Auf die Frage, welche Suchmethode zur Identifikation innovativer Kunden am geeignetsten ist, gibt es keine eindeutige Antwort. Jedoch lassen sich die folgenden Vermutungen anstellen.

▶ **Screening** ist dann geeignet, wenn sich die Grundgesamtheit potenzieller Kunden gut abgrenzen lässt (Inkremental- und Marktinnovationen), kein oder nur ein sehr schwach ausgeprägtes Netzwerk unter den Befragten vermutet wird und der Fragenkatalog zur Identifikation umfangreich und komplex ausfällt.

▶ **Pyramiding** ist besonders dann geeignet, wenn die zukünftige Grundgesamtheit potenzieller innovativer Kunden schwer abgrenzbar ist (technische und radikale Innovationen), innerhalb des Suchfeldes ein starkes soziales Netzwerk unter den Befragten besteht und der Fragenkatalog zur Identifikation aus wenigen, einfach zu beantwortenden Fragen besteht.

Neben Ideenwettbewerb, Pyramiding und Screening existiert noch die so genannte „virtuelle Börse" als Methode zur Identifikation von Lead Usern.

Virtuelle Börse

Auf virtuellen Börsen werden, den Prinzipien echter Aktienmärkte folgend, zukünftige Marktzustände gehandelt (z. B. der Absatz bestimmter Produkte innerhalb eines definierten Zeitraums). Die Erwartungen der Teilnehmer bezüglich zukünftiger Marktzustände spiegeln sich dann im Wert der virtuellen Aktien wider. Die Ausgangsannahme dabei ist, dass erfolgreiche „virtuelle Börsianer" gegenüber erfolglosen über einen Informationsvorsprung (Wissen und Erfahrung) verfügen. Dieser Informationsvorsprung kann als Merkmal für innovative Lead User gesehen werden.

So hatten bei einem Test der Methode interessierte Personen die Möglichkeit, virtuelle Aktien von Kinofilmen zu handeln und somit Aussagen über Erfolg bzw. Misserfolg der Filme zu treffen. Ist der Film nach Ende der Handelsperiode erfolgreich, so erfolgt eine monetäre Entlohnung, die sich auf Basis der gehaltenen Aktien sowie der Zuschauerzahlen errechnet. Die Grundvermutung besteht darin, dass einerseits an Kinofilmen interessierte, hoch involvierte Personen teilnehmen und andererseits diejenigen Teilnehmer besonders gut abschneiden würden, die eine überragende Marktkenntnis besäßen. Eine abschließende Untersuchung der Gewinner ergab, dass diese Personen tatsächlich über ausgeprägtere Lead-User-Eigenschaften verfügen als ihre weniger erfolgreichen Mitstreiter.

Grundsätzlich kann festgestellt werden, dass es keinen „Königsweg" zum Finden von Lead Usern gibt. Abbildung 52 gibt eine Übersicht über die besprochenen Methoden zur Lead-User-Identifikation.

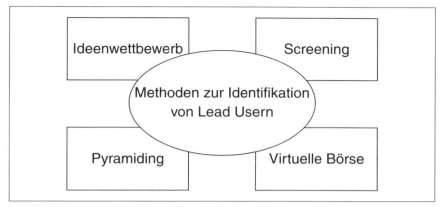

Abbildung 52: Methoden zur Identifikation von Lead Usern

Jede Methode verfügt sowohl über Vor- als auch Nachteile. Sinnvoll erscheint insbesondere, unterschiedliche Methoden miteinander zu kombinieren. So könnte beispielsweise nach erfolgreichem Pyramiding ein Screening weiteren Aufschluss über eine Eignung ausgewählter Kunden geben oder ein Ideenwettbewerb bzw. eine virtuelle Börse als Ausgangspunkt für ein Screening oder Pyramiding dienen.

Phase 4: Konzeptdesign in Lead-User-Workshops

Die identifizierten innovativen Kunden werden nun durch den Hersteller zu einem Innovationsworkshop eingeladen, in welchem für das definierte Innovationsvorhaben gemeinsam Innovationsideen und -konzepte entwickelt werden. Alle vorangegangenen Schritte sind im Grunde nur Mittel zum Zweck, einen solchen Workshop erfolgreich durchführen zu können. Die Qualität der hier generierten Ergebnisse bestimmt den Erfolg des Lead-User-Projekts.

Ein Innovationsworkshop setzt sich in der Regel aus ca. zehn Kunden, dem Lead-User-Team und einem erfahrenen Moderator, der den Workshop lenkt, zusammen. Die zeitliche Dauer beträgt zwischen einem halben und zwei Tagen (abhängig von der Komplexität des Problems). Die Rolle des in der Regel externen Moderators ist die Vermittlung zwischen den Beiträgen der Kunden und der Unternehmensteilnehmer. Auch leistet ein Moderator wichtige methodische Unterstützung bei der Anregung und Strukturierung der Beiträge der Teilnehmer. Ein Workshop ist neben dem fachlichen auch stets durch den sozialen Austausch zwischen den Teilnehmern geprägt. Ein Moderator sollte hier eventuelle Spannungen abbauen und die in der Regel gewollte Heterogenität der Teilnehmer nutzen, um einen Ziel führenden Problemlösungsprozess anzustoßen. Der Workshop beginnt mit einem Briefing durch das Unternehmen, einer Vorstellung des grundsätzlichen Produktbereichs und einer Definition des Problems. Anschließend werden die Teilnehmer durch den gezielten Einsatz ausgewählter Kreativitätstechniken angeregt, in mehreren Runden eigene Ideen zur Lösung des Problems zu generieren.

1.1.2 Der Einsatz von Kreativitätstechniken

Kreativitätstechniken sind Methoden, die den Ideenfluss einer Gruppe beschleunigen, gedankliche Blockaden umgehen, die Suchrichtung erweitern und die Problemformulierung präzisieren. Dabei findet sich eine Unterscheidung in intuitive und diskursive Techniken.

- **Intuitive Methoden** zielen darauf ab, Gedankenassoziationen zu fördern.
- **Diskursive Methoden** streben eine systematische, logisch-prozessorientierte Lösungssuche an.

Abbildung 53 (siehe Seite 157) gibt eine Übersicht über die gebräuchlichsten intuitiven und diskursiven Kreativitätstechniken. Für eine dezidierte Ausführung der Techniken sei an dieser Stelle auf Geschka/Lantelme (2005) verwiesen.

Die so generierten Ideen und Problemlösungsvorschläge werden, wenn möglich, noch während des Workshops durch Experten aus der Firma gespiegelt und – sollte eine Simulation mit Rapid-Prototyping-Verfahren möglich sein – auch umgesetzt, um auch die Teilnehmer in die Evaluierung einzubinden. Die Ergebnisse des Workshops werden im Anschluss durch das Unternehmen dokumentiert und bewertet. Als Bewertungskriterien eignen sich beispielsweise das Marktpotenzial, der Innovationsgrad sowie der Fit einer Idee mit dem Leistungsprogramm und den Ressourcen des Unternehmens. Positiv bewertete Ideen werden dann in weiteren Innovationsworkshops weiterentwickelt oder in den internen Innovationsprozess eingespeist.

Intuitive Methoden	Diskursive Methoden
Freie Assoziationstechniken	**Konfrontationstechniken**
• Brainstorming • Ringtauschtechnik • Kartenumlauftechnik • Mind Mapping	• Exkursionssynektik • Reizwortanalyse • Visuelle Konfrontation • Bildkarten-Brainwriting • TRIZ-Lösungsprinzipien
Strukturierte Assoziationstechniken	**Imaginationstechniken**
• Walt-Disney-Methode • 6-Hüte-Methode	• Take a picture of the problem • Try to become the problem • Geleitete Fantasiereise
Kombinationstechniken	
• Morphologisches Tableau • Morphologische Matrix • Attribute Listing	

Abbildung 53: Kreativitätstechniken im Innovationsprozess

Die Ergebnisse des Workshops werden im Anschluss durch das Unternehmen dokumentiert und bewertet. Als Bewertungskriterien eignen sich in der Regel die Dimensionen:

▶ **Marktpotenzial**
▶ **Innovationsgrad**
▶ **Fit der Idee** mit dem Leistungsprogramm und den Ressourcen des Unternehmens

Positiv bewertete Ideen werden dann in weiteren Innovationsworkshops weiterentwickelt oder in den internen Innovationsprozess eingespeist.

Beispiel: Lead-User-Methode

Das folgende Beispiel des Einsatzes der Lead-User-Methode basiert auf einem gemeinsamen Forschungsprojekt des Lehrstuhls für Information, Organisation und Management der Technischen Universität München (Prof. Reichwald) und einem global operierenden Automobilzulieferer, der aus Gründen der Vertraulichkeit nicht genannt wird (vgl. Seifert 2006).

Zu Beginn des Forschungsprojekts stand die Frage, ob sich private Endkunden von Automobilen grundsätzlich für eine Integration in den Innovationsprozess entsprechend der Lead-User-Methode eignen. Der Automobilzulieferer betrat mit dieser Frage Neuland. Das bisherige Kundenverständnis konzentrierte sich ausschließlich auf die direkten Abnehmer der Zuliefererprodukte, die Original Equipment Manufacturer (OEM). Dennoch wurde der Integration privater Endkunden in die frühe Phase des Innovationsprozesses aus zwei Gründen Potenzial beigemessen. Zum einen zeichnet sich die Branche durch einen hohen Innovationsdruck aus, zum anderen stellt der Löwenanteil der Produkte des Zulieferers aus Endkundensicht Sonderausstattung dar.

Nachdem der Zulieferer ein Lead-User-Team aus Mitarbeitern der Bereiche Forschung und Entwicklung sowie Marketing gebildet hatte, erfolgte zunächst eine Definition und Konkretisierung des Innovationsvorhabens. Dieses fokussierte innovative Lösungen für die Regulierung der Lichtverhältnisse im Fahrzeuginnenraum. Für die Regulierung der Lichtverhältnisse sollten sowohl künstliche Lichtquellen als auch Abschattungssysteme (z.B. intelligente Folien, Schiebehimmel oder Rollos) in Betracht gezogen werden. Zur Identifikation geeigneter privater Endkunden wurde unter Rückgriff auf eine Telefondatenbank ein schriftlicher Fragebogen an 8 000 deutsche Haushalte versendet (= Screening). Es stellte sich ein verwertbarer Rücklauf von 592 Probanden ein. Innerhalb der Auswertung wurde für jeden Probanden ein Innovationsscore ermittelt. Dieser Score fungierte als Entscheidungskriterium bezüglich der Identifikation geeigneter Endkunden für das beschriebene Innovationsvorhaben.

In einem nächsten Schritt wurden die Probanden mit dem höchsten Innovationsscore telefonisch kontaktiert und zu einem zweitägigen Innovationsworkshop eingeladen. Der Innovationsworkshop fand am 28. und 29. Mai 2005 in einem Tagungshotel in den bayerischen Alpen statt. Den Teilnehmern wurden außer einer Vollverpflegung und der Übernahme der Anfahrts- und Übernachtungskosten keine weitere finanzielle Kompensation in Aussicht gestellt.

Am ersten Tag des Workshops fanden sich alle 30 eingeladenen Teilnehmer trotz hochsommerlicher Temperaturen und Wochenende pünktlich um 10:00 Uhr im Tagungshotel ein. Der Workshop wurde von einem erfahrenen, externen Moderator geleitet und gliederte sich im Kern in drei Phasen.

► Eine erste Phase diente der Ideenfindung innovativer Lösungen für das Innovationsvorhaben. Die Teilnehmer arbeiteten in wechselnden Gruppen, wobei sowohl intuitive als auch diskursive Kreativitätstechniken zum Einsatz kamen.

► In der nächsten Phase wurden die generierten Ideen gesichtet und hinsichtlich ihres Potenzials durch die Teilnehmer bewertet.

► In der dritten Phase erfolgte dann die Verdichtung und Weiterentwicklung der aussichtsreichsten Ideen aus Phase 2. Hierzu war ein Designer des Zulieferers anwesend, der die Ideen und Konzepte der Workshopteilnehmer simultan in Visualisierungen umsetzte. Eine abschließende Präsentation und Evaluation der Ideen durch die Teilnehmer markierte das Ende des Workshops.

Im Ergebnis entstanden durch den Einsatz der Lead-User-Methode innerhalb des zweitägigen Workshops zahlreiche wertvolle Innovationsideen und mehrere fortgeschrittene Konzepte, die an die interne Forschungs- und Entwicklungsabteilung weitergegeben wurden (aus Gründen der Vertraulichkeit dürfen diese Ergebnisse nicht weiter im Detail beschrieben werden). Die Organisatoren auf Seiten des Automobilzulieferers bewerteten das Verfahren als äußerst viel versprechend und führten bis dato noch sieben weitere Innovationsworkshops mit privaten Endkunden zu unterschiedlichen Innovationsvorhaben durch.

1.2 Communities

Die bislang vorgestellten Instrumente zur aktiven Kundenintegration setzten an der Integration einzelner Nutzer in die Produktentwicklung an, die dann in Interaktion mit dem Unternehmen innovative Produkte und Leistungen hervorbringen sollten. Jedoch zeigt sich in der Praxis des Innovationsmanagements, dass viele Innovationen nicht das Ergebnis der kreativen Schaffenskraft eines einzelnen Inventors sind, sondern vielmehr auf der Zusammenarbeit vieler Beteiligter beruhen. Eine Zusammenarbeit basiert nicht nur auf den Vorteilen einer Arbeitsteilung zur Steigerung der Effizienz bei komplexen Innovationsprojekten, sondern ist vor allem motiviert durch einen selbstverstärkenden Effekt des Zusammenwirkens verschiedener Akteure mit unterschiedlichem Wissen, Stärken und Erfahrungen.

Im Internet wird seit langem das Phänomen virtueller Gemeinschaften („virtual communities") diskutiert. Eine Gemeinschaft wird allgemein durch ihre Mitglieder und die Beziehungen zwischen diesen bestimmt, wobei in der Regel auf einen gemeinsamen Bezugspunkt fokussiert wird. Ein solcher Bezugspunkt kann zum Beispiel regionale Nähe (Nachbarschaft), ein Beruf, ein gemeinsames Hobby oder auch die Faszination für ein Objekt oder eine Person sein. Durch das Aufkommen des Internets und die damit einfachere ortsunabhängige Interaktion zwischen Akteuren hat die alte Idee von Gemeinschaften in Form virtueller Gemeinschaften starke Aufmerksamkeit erfahren. Eine virtuelle Gemeinschaft besteht aus einer Gruppe von Personen, die über elektronische Medien kommuniziert und/oder interagiert. Auf diese Weise entsteht ein Netzwerk im virtuellen Raum, in dem die Nutzer multidirektional und themenspezifisch interagieren.

1.2.1 Merkmale von Communities

Virtuelle Gemeinschaften lassen sich über die in Abbildung 54 genannten und im Folgenden beschriebenen Merkmale charakterisieren:

Kommunikationsstruktur	• Communication Rings • Content Trees
Mitgliederverhalten	• Personelle Interaktivität • Schärfe der Fokussierung • Kohäsion der Mitglieder
Mitgliederzusammensetzung	• Verbraucherorientiert • Unternehmensorientiert
Mitgliedernutzen	• Funktional • Hedonistisch

Abbildung 54: Merkmale virtueller Gemeinschaften

Kommunikationsstruktur

Für die Kommunikation stehen einer virtuellen Gemeinschaft unterschiedliche technische Optionen zur Verfügung, die sich in zwei Kommunikationsstrukturen unterscheiden: Communication Rings und Content Trees.

▶ Bei **Communication Rings** werden Informationen und Botschaften direkt zwischen den Individuen versendet, das heißt, jedes Gruppenmitglied bekommt die identischen Nachrichten und Botschaften zugesandt. Die Kommunikation erfolgt über E-Mail, Net Pagers oder Groupware.

▶ Bei **Content Trees** handelt es sich um eine indirekte Form der Kommunikation. So existiert ein zentraler Ort (z. B. eine Website), an dem Informationen und Botschaften über Usenets, Bulletin Boards, Chat Rooms oder Virtual Worlds dargestellt und gespeichert werden. Die Möglichkeit, ausgetauschte Informationen zu archivieren und somit das in einer virtuellen Gemeinschaft produzierte Wissen zu bewahren, ist der größte Vorteil von Bulletin Boards, da sie asynchrone Kommunikationsmittel darstellen. Chats hingegen ermöglichen synchrone Interaktion, indem die Mitglieder Textnachrichten gleichzeitig auf einer gemeinsamen Plattform veröffentlichen.

Mitgliederverhalten

Das Verhalten der Mitglieder der virtuellen Gemeinschaft manifestiert sich entlang der personellen Interaktivität, Schärfe der Fokussierung sowie einer Kohäsion der Mitglieder. Das Kontinuum der personellen Interaktivität wird zwischen den Polen „Interaktion an einem virtuellen Ort" und „Interaktion zu einem Thema" aufgespannt. Während bei der Interaktion an einem virtuellen Ort die soziale Kommunikation unter den Mitgliedern das Hauptziel ist (Kommunikation um der Kommunikation willen), wird bei der Interaktion zu einem Thema primär themenspezifisch, unter weitestgehender Vernachlässigung persönlicher Interaktionen, kommuniziert (Kommunikation um der Information willen).

Die Fokussierung einer virtuellen Gemeinschaft beschreibt die Intensität, mit der sich die Gemeinschaft einem Thema widmet. Generalisierte Gemeinschaften decken ein breites Spektrum des Themenbereiches ab, spezialisierte hingegen nur einen Teilbereich der dafür in entsprechender Tiefe diskutiert wird. Die Kohäsion der Mitglieder schließlich bewegt sich zwischen losen, nur schwach verbundenen und stark kohäsiven Gemeinschaften mit familiärem Charakter.

Mitgliederzusammensetzung

Bei der Zusammensetzung der virtuellen Gemeinschaft unterscheiden wir verbraucher- und unternehmensorientierte Gemeinschaften.

- ▶ Bei **verbraucherorientierten Gemeinschaften** stehen hauptsächlich private Interessen und Motive im Vordergrund. Die Mitglieder der Gruppe haben ein gemeinsames Hobby oder identische Interessen und treten als Privatpersonen auf. Die Gemeinschaft bildet sich dann aufgrund geografischer, demografischer vor allem jedoch themenspezifischer Gemeinsamkeiten der einzelnen Mitglieder.

- ▶ **Unternehmensbezogene Gemeinschaften** hingegen entstehen aufgrund beruflicher Interessen einzelner Mitarbeiter oder der Organisation als Einheit (= so genannte „Communities of Practice").

Nutzen

Hinsichtlich des Nutzens der einzelnen Teilnehmer kann wieder zwischen funktionalen und hedonistischen Komponenten unterschieden werden. Während sich der funktionale Nutzen hauptsächlich um den Erwerb und den Austausch von Informationen und Wissen konstituiert, wird der hedonistische Nutzen durch die soziale Interaktion mit anderen Mitgliedern der Gemeinschaft geprägt. Im Vordergrund stehen dann die Interaktion mit den anderen Teilnehmern oder der Aufbau und die Pflege von Freundschaften.

1.2.2 Die Open-Source-Community als Paradebeispiel

Besondere Aufmerksamkeit genießen virtuelle Innovationsgemeinschaften bei der Entwicklung von Open-Source-Software. Open Source ist ein Sammelbegriff für Softwarelizenzen, die den Softwarebenutzern nicht nur das Recht einräumen, den Quellcode zu lesen, sondern diesen auch zu verändern und die Änderungen Dritten zugänglich zu machen. Außerdem dürfen keinerlei Lizenzgebühren oder andere Beiträge für die Software erhoben werden (vgl. S. 71 f.).

Das Open-Source-Modell weicht erheblich vom Modell des klassischen Innovationsprozesses ab. Sämtliche Phasen des Innovationsprozesses von der Ideengenerierung über die Entwicklung eines Prototyps bis zur Distribution der Software werden von Nutzern der Software übernommen. Es existiert im Gegensatz zu proprietärer Software kein Unternehmen, welches sämtliche Innovationen durch interne Forschung und Entwicklung generiert, rechtlich schützt und anschließend vermarktet. Vielmehr zeigt das Beispiel Open-Source-Software, dass Nutzer einer Software – und nicht nur „professionelle" Unternehmen – gemeinsam in der Lage sind, diese weiterzuentwickeln und neue innovative Software zu generieren.

Abbildung 55: Bekannte Open-Source-Softwareprodukte
(Quelle: www.Linux.de/www.OpenOffice.org/www.Apache.de/
www.Thunderbird-mail.de)

Bei der Erstellung eines Open-Source-Programmes arbeitet oft eine räumlich verteilte Gruppe freiwilliger Software-User über das Internet zusammen, ohne dass explizite Weisungsbefugnisse existieren. Die Gesamtaufgabe ist in viele kleine Beiträge unterteilt, deren Lösung unterschiedliche Kompetenzen, Motivationen und Zeit beansprucht. Die Teilnehmer identifizieren selbst die Aufgaben, an denen sie arbeiten wollen, und stellen eine Lösung bereit, die anschließend von anderen Teilnehmern geprüft, verbessert und weiter entwickelt wird. Auf diese Weise entsteht eine virtuelle Innovationsgemeinschaft.

In den letzten Jahren wurden innerhalb der Open-Source-Community zahlreiche Softwarelösungen entwickelt, die den Produkten proprietärer Hersteller, wie beispielsweise Microsoft, ernsthaft Konkurrenz machen bzw. diese aus manchen Bereichen sogar verdrängt haben. Abbildung 55 zeigt die Logos einiger bekannter Open-Source-Softwareprodukte. Von links nach rechts sind zu sehen der Linux-Pinguin (Betriebssystem), der Open-Office-Schriftzug (Office-Funktionalitäten wie Schreib- und Tabellenprogramm), die Apache-Feder (Webserver) sowie das Logo des E-Mail-Programms Thunderbird (vgl. auch das Apache-Beispiel S. 72 f.).

1.2.3 Übertragung des Open-Source-Gedankens

Inzwischen überträgt sich der Gedanke von Open Source aus der Softwareentwicklung auch auf andere Bereiche. Im Folgenden werden zwei Beispiele vorgestellt: Open Enzyklopädien und das OScar-Projekt.

Open Enzyklopädien

Mittlerweile gibt es zahlreiche Projekte, die den Open-Source-Gedanken auf eine frei zugängliche Enzyklopädie übertragen (z. B. www.wikipedia.com, www.nupedia.com, www.opencontent.org). Basierend auf möglichst vielen freiwilligen Beiträgen soll eine qualitativ hochwertige, verlässliche und vielfältige Enzyklopädie in mehreren Sprachen entstehen. In den meisten Fällen werden die eingesandten Artikel überprüft, um einen gewissen Qualitätsstandard zu gewährleisten. Damit soll den vorhandenen, oft sehr teuren professionellen Enzyklopädien ein Gegenpol entgegengesetzt werden, der auf dem Wissen der Nutzer und unzähliger Fachleute beruht.

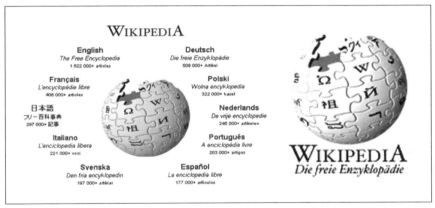

Abbildung 56: Wikipedia als bekanntestes Beispiel einer „offenen Enzyklopädie"
(Quelle: www.wikipedia.org/www.wikipedia.de)

OScar-Projekt

Der Name OScar steht für ein ambitioniertes Projekt, in dem die Entwicklung eines Autos nach Open-Source-Prinzipien ablaufen soll. Statt der bei Automobilherstellern üblichen strengen Geheimhaltung sind hier die Ideen, Designs und Entwicklungspläne öffentliches Gut. Seit Juni 2000 debattieren motivierte Freiwillige, kreative Tüftler und Bastler, Laien sowie engagierte Spezialisten in verschiedenen Foren unter anderem über Vorschläge für Design, Antrieb, Technik, Elektronik und Sicherheit des OScar. Soll das Web-Auto nun Flügeltüren bekommen? Windschutzscheiben aus Kunststoff? Kameras statt Außenspiegel? Der Fantasie der Hobby-Ingenieure sind keine Grenzen gesetzt. Das heißt, fast keine, denn ein paar Kriterien, die das Web-Auto erfüllen muss, standen von Anfang an fest: Das OScar sollte auf jeden Fall ein leichter Kleinwagen werden, nicht teurer als 8 000 Euro und 140 Stundenkilometer schnell sein. Dass die Community durchaus in der Lage ist, sich nicht nur theoretisch über mögliche Konzeptideen zu unterhalten, beweist der 2003 gefertigte, fahrtüchtige Prototyp.

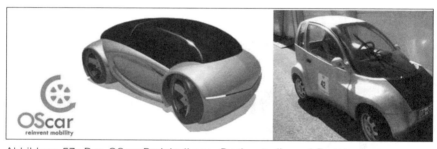

Abbildung 57: Das OScar-Projekt (Logo, Designstudie und Prototyp)
(Quelle: www.theoscarproject.org)

1.2.4 Communities als Mittel zur aktiven Kundenintegration

Open-Source-Softwareentwicklung und die zuvor genannten Beispiele sind alles von Nutzern selbst initiierte Projekte. Grundsätzlich interessiert jedoch, wie Unternehmen Communities zur aktiven Kundenintegration einsetzen können. Dabei lassen sich zwei unterschiedliche Vorgehensweisen unterscheiden:

- **Auswertung existierender Communities:** Zum einen besteht die Möglichkeit, existierende virtuelle Gemeinschaften zu beobachten und Postings der einzelnen Mitglieder auf Ideen für den Innovationsprozess auszuwerten.

- **Etablierung von eigenen Innovations-Communities:** Zum anderen können Unternehmen selbst eine virtuelle Gemeinschaft etablieren, die explizit darauf fokussiert ist, Innovationen hervorzubringen. Die Idee ist hier, Innovationsaufgaben an diese virtuelle Gemeinschaft zu richten, deren Mitglieder dann gemeinsam an Lösungen für diese Aufgabe arbeiten.

Auswertung existierender Communities

Bei der Beobachtung virtueller Gemeinschaften werden die Beiträge einzelner Mitglieder der Gemeinschaft auf innovationsrelevante Inhalte untersucht. Besonders geeignet sind hierfür verbraucher- und unternehmensorientierte virtuelle Produktgemeinschaften, bei denen sich die Themen um Produkte oder Marken konstituieren. Dabei kann es sich um Produkte oder Produktgruppen eines einzelnen Herstellers handeln, aber auch um das Produktangebot einer Branche. Manche dieser Communities sind herstellerorganisiert, andere von Intermediären, andere von den Nutzern selbst. Abbildung 58 zeigt eine Auswahl bekannter Meinungsplattformen und Marken-Communities im Internet.

Community	Modell	Objekt	Organisator	Inhalt
dooyoo.de	kommerziell	verschiedene Kategorien (mehr als 100 000 Marken)	Intermediär	positive & negative Produktbeurteilungen
vocatus.de	kommerziell	verschiedene Kategorien	Intermediär	positive & negative Produktbeurteilungen
Lugnet.com	nicht kommerziell	eine Marke (LEGO)	Nutzergruppe	Fan Site, Kommentare und Handel
Java developer community	kommerziell	ein Produkt (SUN Java)	Hersteller	Hilfestellungen, Feedback zu Produkten
Camp Jeep Rally	kommerziell	eine Marke (JEEP)	Hersteller	positive Erfahrungen, Produkt-Information
mcspot light.org	nicht kommerziell	eine Marke (MC DONALD'S)	Nutzergruppe	negative Erfahrungen
john's swoosh page	nicht kommerziell	eine Marke (NIKE)	Nutzergruppe	positive Erfahrungen und Produkt-Information
starbucked.com	nicht kommerziell	eine Marke (STARBUCKS)	Nutzergruppe	negative Ausgangssituation, positive und negative Beiträge anderer Nutzer
newsgroup alt.destroy.microsoft	nicht kommerziell	eine Marke (MICROSOFT)	Nutzergruppe	negative Erfahrungen

Abbildung 58: Meinungsplattformen und Marken-Communities im Internet

Was Sie bei der Integration von Kunden beachten sollten

Innerhalb einer solchen Gemeinschaft tauschen die Teilnehmer ihre Erfahrungen mit dem Produkt aus, kommunizieren ihre Zufriedenheit bzw. Unzufriedenheit mit dem Produkt oder leisten sich untereinander Hilfestellungen, wenn es darum geht, den Nutzen des Produkts vollständig zu erschließen oder Reparaturen durchzuführen. Häufige Diskussionen drehen sich zudem um die Frage, wo ein bestimmtes Produkt zurzeit am günstigsten erworben werden kann.

Die Beiträge in einzelnen Communities sind oft sehr umfangreich und enthalten eine Fülle interessanter Informationen für einen Hersteller. Dabei handelt es sich zum einen um Beschwerden und Unzufriedenheitsäußerungen zu bestimmten Produktfeatures, zum anderen aber auch um Lob und ein besonderes Hervorheben einzelner Features. Bereits diese Informationen sind wichtige Anhaltspunkte für die Neuproduktentwicklung. Manche Beiträge beinhalten aber nicht nur wahrgenommene Fehlfunktionen eines Produkts, sondern auch genaue Vorschläge zur deren Behebung, Lösungsvorschläge zur Steigerung der Performance, Ideen für weitere Produktattribute oder technologische Verbesserungsmöglichkeiten. Vorschläge können jedoch auch auf grundlegend neue Innovationsideen abzielen – von einer Idee bis hin zu ersten Prototypen aus der Eigenentwicklung eines Gemeinschaftsmitglieds.

Zur Auswertung der Beiträge existierender Communities bieten sich insbesondere solche virtuelle Gemeinschaften an, die auf Bulletin Boards basieren. Diese übersichtlichen Beitragssammlungen erlauben es, verschiedene Themenstränge zu separieren und die Konversation der Teilnehmer im Nachhinein exakt nachzuvollziehen. Zudem speichern sie Kommunikationsstränge zentral und langfristig.

Etablierung von eigenen Innovations-Communities

Bei den zuvor betrachteten virtuellen Produktgemeinschaften entstehen innovationsrelevante Beiträge als „Nebenprodukt". Die Gemeinschaft ist nicht originär darauf ausgerichtet, Innovationen zu generieren. Anders verhält es sich bei virtuellen Innovationsgemeinschaften. In diesen verfolgen die Mitglieder das Ziel, gemeinsam innovative Problemlösungen zu erarbeiten. Diese sind häufig auch vom Hersteller initiiert und werden von diesem betreut.

Wichtigste Aufgabe ist in diesem Zusammenhang die Etablierung einer geeigneten virtuellen Gemeinschaft. Denn im Gegensatz zur reinen Beobachtung von Produkt-Communities zielt der Hersteller hier auf eine intensive Interaktion zwischen und mit den Mitgliedern der Gemeinschaft. Betreibt ein Unternehmen bereits eine aktive virtuelle Gemeinschaft (z. B. eine Produktgemeinschaft, Kundenclub etc.), bietet diese meist eine geeignete Ausgangsbasis für eine Innovationsgemeinschaft. Auf diese vorhandene virtuelle Innovationsgemeinschaft kann ein Hersteller die unterschiedlichen bereits im Vorfeld diskutierten Instrumente anwenden. So bietet eine Innovationsgemeinschaft eine gute Gelegenheit für einen Ideenwettbewerb, der gegebenenfalls offen gestaltet wird, sodass die Nutzer auf den Beiträgen anderer aufbauen können. Ebenfalls können Toolkits durch mehrere Nutzer bedient werden, die gemeinschaftlich eine Lösung schaffen.

Der Automobilhersteller Peugeot nutzte beispielsweise eine virtuelle Innovationsgemeinschaft, um von dieser neue Autodesigns entwickeln zu lassen. Grundlage waren in diesem Fall existierende Online-Communities von Autofans. Mehr als 2 800 Designer aus 90 Nationen beteiligten sich an dieser Aufgabe. Volvo hingegen präsentierte seiner Innovationsgemeinschaft visualisierte Prototypen neuer Fahrzeuge und bat die Mitglieder der Gemeinschaft um Feedback. Als Paradebeispiel für die aktive Integration von Kunden in den Innovationsprozess mithilfe von Communities kann jedoch das Unternehmen „Threadless" gesehen werden:

Beispiel: Threadless

Bei Threadless ist das gesamte Geschäftsmodell auf die virtuelle Innovationsgemeinschaft ausgerichtet, die sowohl neue Produkte entwickelt, diese bewertet, vertreibt und kauft. Das im Jahr 2000 in Chicago gegründete Unternehmen verkauft mit großem Erfolg ein eigentlich einfaches Produkt: bedruckte T-Shirts. Die beiden Gründer und ihre knapp 20 Mitarbeiter erwirtschaften aber mit diesem Produkt inzwischen pro Monat Gewinne in Höhe von mehreren Einhunderttausend Dollar und verkaufen mehr als 50 000 T-Shirts pro Monat. Sie schaffen dies, da alle wesentlichen wertschöpfenden Aufgaben an die Kunden ausgelagert sind, die diesen mit großer Begeisterung nachkommen.

Die Kunden designen die T-Shirts und machen Verbesserungsvorschläge zu den Entwürfen anderer. Sie screenen und bewerten alle Entwürfe und wählen diejenigen aus, die aus der Konzeption in die Produktion gehen sollen. Sie übernehmen dabei das Marktrisiko, da sie sich zum Kauf eines Wunsch-T-Shirt (moralisch) verpflichten, bevor dieses in Produktion geht. Die Kunden übernehmen die Werbung, stellen die Models und Fotografen für die Katalogfotos und werben neue Kunden.

Die Kunden fühlen sich dabei aber nicht etwa ausgenutzt, sondern zeigen im Gegensatz große Begeisterung für das Unternehmen, das ihnen diese Mitwirkung ermöglicht. Sie beschützen Threadless vor Nachahmern (deren Web-Sites sie hacken) und übermitteln unzählige Ideen, wie das Unternehmen noch besser und produktiver werden kann. Threadless selbst fokussiert sich auf die Bereitstellung und Weiterentwicklung einer Interaktionsplattform, auf der die Interaktion mit und zwischen ihren Kunden abläuft. Das Unternehmen definiert zudem die Spielregeln, honoriert die Kunden-Designer, deren Entwürfe für eine Produktion ausgewählt wurden, und steuert den eigentlichen materiellen Leistungserstellungsprozess (Herstellung und Distribution).

Abbildung 59: Webseite des Unternehmens „Threadless"
(Quelle: www.threadless.com)

2. Wettbewerbsvorteile durch aktive Kundenintegration

Ausgangspunkt dieses Buches war die Feststellung, dass Innovationsprojekte von hohen Flopraten gekennzeichnet sind. Zahlreiche Beispiele zeigten, dass die aktive Integration von Kunden in den Innovationsprozess hilft, Misserfolge und Blindleistung zu vermeiden. Konkret können die Vorteile, die durch eine aktive Kundenintegration erlangt werden, in die folgenden vier Kategorien eingeteilt werden.

Vorteile der aktiven Kundenintegration:

▶ **Time-to-Market**

Verkürzung des Zeitraums von Beginn der Entwicklung eines Produkts bis zu dessen Markteinführung.

▶ **Cost-to-Market**

Reduktion der im Rahmen eines Innovationsprozesses von Beginn der Planung eines Produkts bis zu dessen Markteinführung tatsächlich angefallenen und dem Produkt zurechenbaren Kosten.

▶ **Fit-to-Market**

Steigerung der Marktakzeptanz eines neuen Produkts im Sinne einer positiven Kaufeinstellung der Nachfrager (und damit Schaffung einer höheren Zahlungsbereitschaft).

▶ **New-to-Market**

Steigerung des durch die Nachfrager wahrgenommenen Neuigkeitsgrads einer Innovation und damit der Attraktivität des entsprechenden Produkts.

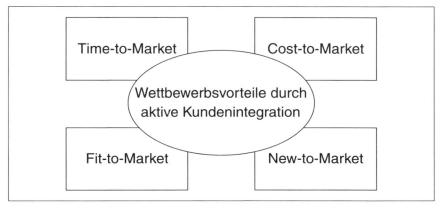

Abbildung 60: Wettbewerbsvorteile durch aktive Kundenintegration

2.1 Reduzierung der Time-to-Market

Time-to-Market beschreibt den Zeitraum von Beginn der Entwicklung eines Produkts bis zu dessen Markteinführung. Die Reduzierung von Time-to-Market gewinnt durch sich stetig verkürzende Produktlebenszyklen entscheidend an Bedeutung. Unternehmen, die ihre Produkte vor der Konkurrenz im Markt einführen können, haben die Möglichkeit, rasch einen hohen Marktanteil und somit Markteintrittsbarrieren aufzubauen. Sie nutzen Erfahrungskurven- und Skaleneffekte sowie die erhöhte Zahlungsbereitschaft ihrer Kunden in den frühen Phasen des Produktlebenszyklus.

Des Weiteren fördert ein früher Markteintritt das Image eines Innovationsführers. Die Reduktion von Entwicklungszeiten durch aktive Kundenintegration basiert auf den Prinzipien und Vorteilen der Arbeitsteilung. Dabei werden insbesondere diejenigen Innovationsaktivitäten von Kunden getragen, die implizites Kundenwissen benötigen. Auf diese Weise können zeitraubende Iterationen zwischen einem Hersteller und dessen potenziellen Kunden vermieden werden. Im traditionellen Innovationsprozess durchläuft eine Innovationsidee bis zu ihrer Marktreife zahlreiche Feedback-Schleifen zwischen einem Hersteller und dessen potenziellen Kunden. Durch eine Iteration zwischen Variation und Kombination zulässiger Lösungsmöglichkeiten auf der einen und der Beurteilung dieser Möglichkeiten (oft auf Basis von Prototypen) durch den Markt und/oder interne Stellen im Unternehmen (Produktmanagement, Vertrieb, Marketing) auf der anderen Seite nähert sich ein Hersteller den tatsächlichen (erwarteten) Bedürfnissen seiner (künftigen) Kunden an. Ein solches iteratives Vorgehen ist mit erheblichem zeitlichen Aufwand verbunden – und das, ohne dabei die Garantie zu geben, tatsächlich in einer erfolgreichen Markteinführung zu enden. Aktive Kundenintegration setzt dagegen an der Idee an, die Suche nach einem geeigneten Lösungsdesign auf die Kunden zu übertragen.

2.2 Reduzierung der Cost-to-Market

Cost-to-Market bezeichnet die im Rahmen eines Innovationsprozesses von Beginn der Planung eines Produkts bis zu dessen Markteinführung tatsächlich angefallenen und dem Produkt zurechenbaren Kosten. Insbesondere im Rahmen zunehmend globaler Märkte kommt dem Kostenfaktor der Produktentwicklung eine kritische Bedeutung zu. Somit steigert eine Senkung der Kosten für Forschung und Entwicklung eines Produkts dessen Rentabilität und sichert das langfristige Wachstum einer Unternehmung. Bei der Reduzierung von Forschungs- und Entwicklungskosten leistet die aktive Kundenintegration einen entscheidenden Beitrag, da die Auslagerung definierter Innovationsaktivitäten eines Unternehmens an ausgewählte Kunden nicht nur zu einer Zeit-, sondern auch einer Kostenersparnis führt. Dies ist besonders dann der Fall, wenn Kunden Innovationsaktivitäten tragen, die über eine reine Ideengenerierung hinausgehen und Investitionen in entsprechende Ressourcen erfordern (z.B. Eigenentwicklung eines ersten Prototyps).

In der Phase der Markteinführung kommt ausgewählten Kunden eines Unternehmens noch eine weitere Bedeutung zur Senkung der Cost-to-Market zu, wenn diese im Markt als Meinungsführer auftreten. Meinungsführer üben innerhalb ihres sozialen Netzwerks einen starken Einfluss auf andere aus und sind in der Lage, als Multiplikator im Markt zu agieren und so die Bekanntmachung des Produkts ohne finanzielle Motive zu forcieren.

2.3 Steigerung des Fit-to-Market

Fit-to-Market beschreibt die Marktakzeptanz eines neuen Produktes im Sinne einer positiven Kaufeinstellung der Nachfrager. Ein hoher Fit-to-Market bedeutet in der Regel auch, dass die Zahlungsbereitschaft der Kunden für ein Produkt steigt. Aus Sicht eines Herstellers verbessern sich die Chancen eines hohen Fit-to-Market, wenn die Qualität an Bedürfnisinformationen („Was will der Markt") und die Qualität an Lösungsinformationen („Was kann mein Unternehmen leisten") zunimmt. Beides kann durch aktive Kundenintegration realisiert werden.

So kann die Qualität an Bedürfnisinformationen beispielsweise durch die systematische Integration von Lead Usern in den Innovationsprozess gesteigert werden. Aktive Kundenintegration trägt des Weiteren zu einer Verbesserung der Qualität an Lösungsinformationen im Innovationsprozess bei. Lösungsinformationen umfassen Informationen zur Transformation von Bedürfnisinformationen in ein konkretes Leistungsangebot. Im klassischen Innovationsprozess nutzen Unternehmen die Lösungsinformationen ihrer Experten aus der Forschungs- und Entwicklungsabteilung. Lead User verfügen jedoch ebenfalls über enorme Lösungskompetenz. Die große Anzahl der von Lead Usern selbst gefertigten, voll funktionsfähigen Prototypen kann als Indiz dafür gesehen werden. Die aktive Kundenintegration macht sich dieses kundenseitige Expertenwissen zu Nutze. Es kommt somit zu einer Erweiterung der Spannbreite an Ideen und Lösungsfindungsinformationen.

2.4 Erhöhung des New-to-Market

New-to-Market beschreibt den durch die Nachfrager wahrgenommenen Neuigkeitsgrad einer Innovation. Der traditionelle Innovationsprozess bringt regelmäßig inkrementelle Innovationen hervor. Solche Innovationen basieren auf vorhandenem Wissen, orientieren sich an bestehenden Problemlösungen und zeichnen sich aus Sicht des Nachfragers durch einen geringen Neuigkeitsgrad aus. Gründe dafür sind:

- ▶ Hersteller haben in der Regel Lösungsinformationen in ihrer Domäne und setzen deshalb vor allem dieses Verfahrens- und Produktionswissen für den Innovationsprozess ein.

- ▶ Nutzerinnovationen dagegen sind in der Regel eher funktional neue Innovationen, da sie eben an einem unbefriedigten Bedürfnis ansetzen.

▶ Die Nutzung von Bedürfnis- und Lösungsinformationen ausgewählter Kunden im Rahmen der aktiven Kundenintegration unterstützt Unternehmen bei der Entwicklung von Innovationen, die über inkrementelle Verbesserungen hinausgehen.

3. Zehn Regeln für die erfolgreiche Kundenintegration

Aktive Kundenintegration leistet einen Beitrag zur Reduzierung der Flopwahrscheinlichkeit von Produkten und Dienstleistungen. Dabei wirkt aktive Kundenintegration auf den Ebenen (1) Time-to-Market, (2) Cost-to-Market, (3) Fit-To-Market und (4) New-to-Market. Um positive Effekte in all diesen Bereichen zu erlangen, ist es wichtig, die Integration von Kunden in den Innovationsprozess richtig anzugehen. Hierzu wollen wir Ihnen abschließend folgende zehn Regeln an die Hand geben:

1. Begreifen Sie den Kunden als Wertschöpfungspartner!

Das Bild vom Kunden als reinem Vernichter von Leistung (Consumer) muss revidiert werden. Kunden sind nicht nur im Besitz von Bedürfnisinformation, sondern kennen oftmals auch den Weg zum Stillen dieser Bedürfnisse (= Lösungsinformation). Aktive Kundenintegration macht aus Kunden Wertschöpfungspartner (Prosumer) und stellt Methoden zur Verfügung, explizites wie implizites Wissen an das Unternehmen zu übermitteln.

2. Öffnen Sie Ihr Unternehmen!

Die Zeiten hermetisch abgeschlossener, autonom agierender Entwicklungsabteilungen sind vorbei. Die Kunst des zukunftsorientierten Innovationsmanagements liegt im Öffnen der Unternehmensgrenzen. Es reicht nicht mehr aus, allein auf die Stimme des Kunden zu hören. Stattdessen muss der Kunde (auf Zeit) Teil des Unternehmens werden und die Möglichkeit haben, sich am interaktiven Wertschöpfungsprozess zu beteiligen.

3. Nutzen Sie bestehende Methoden!

Alle Beispiele in diesem Buch zeigen, dass das Öffnen des Unternehmens sowie das „Anzapfen" des Kundenwissens auf der Anwendung der richtigen Kundenintegrationsmethoden beruhen. Abhängig vom Innovationsziel, der Innovationsphase und anderen Kontextfaktoren stehen dem Unternehmer zahlreiche erprobte Verfahren wie Ideenwettbewerb, Toolkit, Lead-User-Methode oder Community zur Verfügung. Diese gilt es zu nutzen!

4. Entwickeln Sie neue Methoden!

Wie bereits erwähnt, gibt es keinen Königsweg zur aktiven Integration von Kunden in den Innovationsprozess. Die vorgestellten Methoden müssen situativ eingesetzt werden. Die große Kunst besteht darüber hinaus darin, verschiedene Methoden zu kombinieren oder je nach Unternehmenskontext neue zu entwickeln. Dabei sind der Kreativität keine Grenzen gesetzt (vgl. Virtuelle Börse). Erlaubt ist, was funktioniert.

5. Nutzen Sie moderne Technologien!

Die Möglichkeiten zur aktiven Kundenintegration haben durch die immensen Entwicklungen auf dem Gebiet moderner Informations- und Kommunikationstechnologien in den letzten Jahren deutlich zugenommen. Sowohl das adidas- als auch das SevenOne Media-Kundenintegrationsprojekt (ebenso wie die Beispiele zu Toolkits und Communities) basieren auf dem Internet. Technologiekompetenz einerseits sowie Kreativität bei der Kombination verschiedener Kanäle und Verfahren andererseits sind die Basis für erfolgreiche Kundenintegration.

6. Kundenintegration ist Chefsache!

Aktive Kundenintegration darf kein Lippenbekenntnis bleiben. Die Übertragung der Kundenintegrationsverantwortung auf eine Abteilung (beispielsweise auf den Kundenservice) greift zu kurz. Kundenintegration basiert auf einer ganzheitlichen Denkweise und muss von der obersten Führungsebene initiiert und am Leben gehalten werden. Die Entwicklung und Etablierung geeigneter Prozesse sind die zwingende Folge.

7. Kundenintegration bedeutet Schnittstellenmanagement!

Die Erhebung des Kundenwissens ist nur der erste Schritt einer aktiven Kundenintegration. Genauso wichtig ist die Weitergabe der gewonnenen Informationen an die Stellen im Unternehmen, an denen sie gebraucht werden. Dies bedarf eines umfassenden Wissens- und vor allem Schnittstellenmanagements. Dabei ist besonders auf die Vermeidung von Negativ-Effekten, wie beispielsweise dem Not-invented-here-Phänomen, zu achten.

8. Gestalten Sie geeignete Anreizsysteme!

Sowohl für die Kunden wie auch für die Mitarbeiter ist es wichtig, dass es Gründe gibt, an einem Kundenintegrationsprojekt mitzumachen bzw. dieses gewissenhaft durchzuführen. Die unterschiedlichen empirischen Untersuchungen in diesem Buch haben gezeigt, dass Motivation nicht grundsätzlich nur durch monetäre Anreize gefördert wird. Anerkennung ist den Betroffenen oftmals wichtiger. Geeignete Anreizsysteme müssen demgemäß sowohl extrinsische wie auch intrinsische Komponenten beinhalten.

9. Auch Mitarbeiter sind Kunden!

Das Future-Zone-Projekt der SevenOne Media GmbH hat eindrucksvoll gezeigt, dass der Begriff des Kunden keineswegs nur auf externe Verbraucher angewandt werden darf. Das Potenzial der Mitarbeiter (= interne Kunden) ist ebenfalls von entscheidender Bedeutung. Auch beim – auf den Ergebnissen des adidas-Projekts aufbauenden – „Externen Vorschlagswesen" liegt die besondere Stärke in der Kombination von internen und externen Kreativleistungen.

10. Kundenintegration ist erst der Anfang!

Die aktive Integration von externen wie internen Kunden in den Innovationsprozess stellt nur den ersten Schritt im Prozess der zukunftsorientierten Ausrichtung eines Unternehmens dar. Echte Open Innovation bedeutet darüber hinaus die systematische Kollaboration mit Zulieferern, externen Forschungseinrichtungen oder sogar potenziellen Wettbewerbern zum Zweck einer interaktiven Wertschöpfung.

4. Literaturempfehlungen

Lead User und Methoden zur Identifikation

Churchill, J./Hippel, E. von (2002): Video zur Anwendung der Lead-User-Methode, online verfügbar unter: web.mit.edu/evhippel/www/tutorials.htm.

Füller, J./Mühlbacher, H./Rieder, B. (2003): An die Arbeit, lieber Kunde – Kunden als Entwickler, Harvard Business Manager, Vol. 25 (5): 34-54.

Herstatt, C./Lüthje, C./Lettl, C. (2003): Zukunftsorientierung und Kundenbezug im Innovationsprozess sichern: Der Einsatz der Lead User Methode zur Entwicklung neuartiger Medizinprodukte bei Ethicon, in: Piller, F./Stotko, C. (Hrsg.): Mass Customization und Kundenintegration, Düsseldorf, Symposium.

Lilien, G./Morrison, P./Searls, K./Sonnack, M./Hippel, E. von (2002): Performance assessment of the lead user idea-generation process for new product development. Management Science, 48 (2002) 8: 1042-1059.

Urban, Gl./Hippel, E. von (1988): Lead user analysis for the development of new industrial products, Management Science, 34 (1988) 5: 569-582.

Walcher, D. (2007): Der Ideenwettbewerb als Methode der aktiven Kundenintegration, Wiesbaden.

Open Source

Hars, A./Ou, S. (2002): Working for free? Motivations for participating in open-source projects. International Journal of Electronic Commerce, 6 (2002) 3 (Spring): 25-39.

Knyphausen-Aufsess, D./Achtenhagen, L./Müller, J. (2003): Die Open-Source-Softwareentwicklung als Best-Practice-Beispiel eines erfolgreichen Dienstleistungsnetzwerkes. In: Manfred Bruhn/Bernd Stauss (Hg.): Dienstleistungsnetzwerke, Jahrbuch Dienstleistungsmanagement 2003, Wiesbaden, 613-639.

Lerner, J./Tirole, J. (2002): Some simple economics of open source. Journal of Industrial Economis, 50 (2002) 2: 197-234.

Osterloh, M./Kuster, B./Rota, S. (2004): Open Source Software Produktion: Ein neues Innovationsmodell? In: Robert A. Gehring/Bernd Lutterbeck (Hg.): Open Source Jahrbuch 2004. Zwischen Softwareentwicklung und Gesellschaftsmodell, Berlin, 121-137.

Stallman, R. (1985): The GNU Manifesto, MIT, Cambridge, Online verfügbar unter: www.gnu.ai.mit.edu/gnu/manifesto.html.

Communities

Franke, N./Shah, S. (2003): How communities support innovative activities: an exploration of assistance and sharing among end-users. Research Policy, 32 (2003) 1: 157-178.

Füller, J./Mühlbacher, H./Rieder, B. (2003): An die Arbeit, lieber Kunde: Kunden als Entwickler. Harvard Business Manager, 25 (2003) 5: 36-45.

Herstatt, C./Sander, J. (Hrsg.) (2004): Produktentwicklung mit virtuellen Communities: Kundenwünsche erfahren und Innovationen realisieren, Wiesbaden.

Sawhney, M./Prandelli, E. (2000): Communities of creation: Managing distributed innovation in turbulent markets. California Management Review, 42 (2000) 4: 24-54.

Shah, S. (2005): Open beyond software. In: D. Cooper/Ch. DiBona/M. Stone (eds.): Open Sources 2, Sebastopol, CA: O'Reilly 2005: 339-360.

Wettbewerbsvorteile durch aktive Kundenintegration

Chesbrough, H. (2003a): Open Innovation. The New Imperative for Creating and Profiting from Technology, Boston.

Hauschildt, J. (2004): Innovationsmanagement, München.

Hippel, E. von (2005): Democratizing Innovation, Cambridge. Online verfügbar unter: web.mit.edu/evhippel/www/democ.htm.

Reichwald, R./Piller, F. (2006): Interaktive Wertschöpfung. Open Innovation, Individualisierung und neue Formen der Arbeitsteilung, Wiesbaden. Kostenloser Download: http://www.open-innovation.com/iws/buch.html

Picot, A./Reichwald, R./Wigand, R. (2003): Die grenzenlose Unternehmung, Wiesbaden.

Piller, F. (2006): Mass Customization – Ein wettbewerbsstrategisches Konzept im Informationszeitalter, Wiesbaden.

Die Autoren

Prof. Dr. Prof. h.c. Dr. h.c. Ralf Reichwald

Prof. Dr. Ralf Reichwald leitet den Lehrstuhl für Betriebswirtschaftslehre – Information, Organisation und Management an der Technischen Universität München seit 1990. Im Jahr 1994 wurde ihm die Ehrendoktorwürde der Technischen Universität Bergakademie Freiberg (Sachsen) verliehen, an der er von 1991 bis 1993 Gründungsdekan des Fachbereichs Wirtschaftswissenschaften war. 2002 wurde Prof. Reichwald zum Dekan der neu gegründeten Fakultät für Wirtschaftswissenschaften an der Technischen Universität München gewählt. 2006 erhielt er die Ehrenprofessur der l'Université de Tunis El Manar Ecole Nationale d'Ingénieurs de Tunis (ENIT). Ein zentraler Forschungsschwerpunkt am Lehrstuhl von Prof. Reichwald liegt im Bereich „Interaktive Wertschöpfung", innerhalb dessen Themen wie „Kundenintegration in Innovationsprozesse" und „Mass Customization" untersucht werden.

Prof. Dr. Anton Meyer

Univ.-Prof. Dr. Anton Meyer ist Ordinarius für BWL und Marketing an der Ludwig-Maximilians-Universität München. Als einer der Pioniere im deutschsprachigen Raum setzt er sich seit 25 Jahren mit Fragen der Kundenorientierung, der marktorientierten Unternehmensführung, des Dienstleistungs-Marketing und der Markenführung auseinander. Der Mitinitiator und langjährige wissenschaftliche Leiter des Deutschen Kundenbarometers bzw. der Nachfolgestudie Kundenmonitor Deutschland ist Executive Director des Center on Global Brand Leadership und Vorstand des Instituts für Marketing an der Ludwig-Maximilians-Universität München. Anton Meyer veröffentlichte unter anderem die Standardwerke zum Marketing „Offensives Marketing", „Lernen von den Besten – Branchenübergreifendes Benchmarking von Customer Interaction Centern" sowie das zweibändige „Handbuch Dienstleistungs-Marketing".

Dipl.-Kfm. Marc Engelmann, MBR

Marc Engelmann ist wissenschaftlicher Mitarbeiter am Institut für Marketing der Ludwig-Maximilians-Universität München. Er studierte in München und an der Universidad de Navarra in Spanien. Zudem absolvierte er einen Masterstudiengang, den er 2006 mit dem Titel Master of Business Research abschloss. Neben seinen Lehraufträgen an der Hochschule für Fernsehen und Film (München), der IHK (München) und der Berufsakademie Heidenheim leitete Marc Engelmann das vom Bundesministerium für Bildung und Forschung geförderte Projekt „WINServ" im Verantwortungsbereich der LMU (2002–2005). Seine Dissertation zum Thema Komplexität von Preissystemen wird er 2007 einreichen.

Prof. Dr. Dominik Walcher

Prof. Dr. Dominik Walcher schloss sein Architektur-Studium an der Universität Stuttgart 1999 ab und absolvierte anschließend das „Managementorientierte Betriebswirtschaftliche Aufbaustudium" (MBA) an der TU München, innerhalb dessen er 2001 seine Diplomarbeit an der Haas School of Business, University of California at Berkeley, schrieb. Von 2001 bis 2006 war er wissenschaftlicher Mitarbeiter am Lehrstuhl für Betriebswirtschaftslehre – Information, Organisation und Management (Prof. Reichwald) der Technischen Universität München. Dominik Walcher leitete das vom Bundesministerium für Bildung und Forschung geförderte Projekt „WINserv" (Wissensintensive Dienstleistungen zur Integration von Kunden in den Innovationsprozess) und promovierte im Bereich der aktiven Integration von Kunden in den betrieblichen Innovationsprozess. Im August 2006 erhielt Dr. Walcher eine Professorenstelle an der Hochschule Salzburg, wo er den Fachbereich Marketing im Studiengang Design und Produktmanagement leitet.

Marketing für erfolgreiche Unternehmen

McDonald's - ein Paradebeispiel für erfolgreiches Marketing

McDonald's gilt als Paradebeispiel für erfolgreiches Marketing-Management. Der Autor erläutert - auch für Nicht-Ökonomen verständlich - die Marketing-Strategie von McDonald's sowie deren Hintergründe und Ziele.

Willy Schneider
McMarketing
Einblicke in die Marketing-Strategie von McDonald's
2007. 261 S.
Geb. EUR 39,90
ISBN 978-3-8349-0160-6

7 Schlüssel zur Verbesserung der Marketing Performance

In „Marketing Excellence" beschreibt das bewährte Autorenteam gängige Ansätze und neueste Akzente im Marketing an ausgewählten Fallbeispielen und präsentiert sieben Stellschrauben, die für eine gelungene Marketing Performance exakt justiert sein müssen. Dazu gehören eine funktionierende interne Kommunikation, richtig verstandenes Innovationsmanagement und echte Nähe zum Kunden ebenso wie eine glaubwürdige Positionierung.

Ralf T. Kreutzer | Holger Kuhfuß | Wolfgang Hartmann
Marketing Excellence
7 Schlüssel zur Profilierung Ihrer Marketing Performance
2007. 212 S.
Geb. EUR 36,90
ISBN 978-3-8349-0390-7

Systematisch und kreativ zur Alleinstellung

Gerade im heutigen Verdrängungswettbewerb ist es für Unternehmen wichtig, sich nicht nur über den Preis zu differenzieren, sondern vielmehr in ein optimal positioniertes Produkt oder eine Marke zu investieren. In diesem Buch erfährt der Leser, was eine Positionierung ist, wie er eine Positionierung von Anfang an plant und konzipiert, ein überzeugendes Verkaufsversprechen (USP) erarbeitet und eine geeignete Werbestrategie entwickelt. Praxiserprobte Arbeitsblätter, Checklisten, Übungen und Fallbeispiele helfen bei der Umsetzung.

Rainer H.G. Großklaus
Positionierung und USP
Wie Sie eine Alleinstellung für Ihre Produkte finden und umsetzen
2006. 288 S.
Geb. EUR 48,00
ISBN 978-3-8349-0073-9

Änderungen vorbehalten. Stand: Januar 2007.
Erhältlich im Buchhandel oder beim Verlag.

Gabler Verlag . Abraham-Lincoln-Str. 46 . 65189 Wiesbaden . www.gabler.de   **GABLER**